Les
N
DE NOTRE

Armelle Leroy ★ Laurent Chollet

ËLS

ENFANCE

Flammarion

Le Père Noël passera ce soir

Autour du sapin

Minuit chrétien

La décoration de la maison

Les jouets des garçons

Les jouets des filles

Noël et la presse

Le culte de Noël

LE PÈRE NOËL PASSERA CE SOIR

QUI ES-TU PÈRE NOËL ?

Noël, nuit magique, nuit des surprises et des cadeaux déposés par un personnage mystérieux, lorsque les maisonnées se sont endormies. Suivant les pays, les légendes, les époques, ce généreux donateur revêt des formes différentes. En France, à partir du XIXe siècle, il apparaît surtout sous l'aspect du Père Noël. Pour retrouver l'origine de celui-ci, il faut remonter dans le temps, jusqu'aux fêtes païennes. Ainsi, dans l'Antiquité, les hommes se distribuaient des cadeaux en l'honneur de la déesse Strenia. C'était le cas à Rome, pendant les Saturnales et les Calendes du mois de janvier.

Dans les pays nordiques et germaniques, lors du solstice d'hiver, les païens célébraient le règne du mâle. Le dieu Odin, chevauchant son cheval, allait de demeure en demeure, pour offrir aux enfants des présents. En Norvège, des gnomes se chargeaient de cette mission. Quant au dieu Thor, vénéré par les Germains, c'était un vieillard jovial à la longue barbe blanche et vêtu de rouge, dont l'élément était le feu. Il descendait rendre visite aux humains en passant par la cheminée, comme, d'ailleurs, les dieux du foyer et ceux de la bûche d'hiver. Si le géant Gargan, fils du dieu celte Bel, et ancêtre de Gargantua, porte lui des bottes et une hotte, sa taille gigantesque ne semble pas lui permettre de pénétrer dans les cheminées.

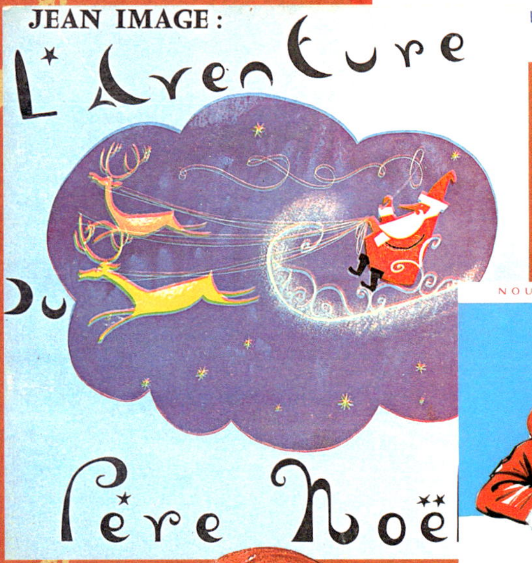

Les cadeaux étaient uniquement réservés aux enfants sages, pour les autres, punitions et volées de verges étaient distribuées par les dieux eux-mêmes ou par des êtres maléfiques, qui les accompagnaient. Sauf chez les Romains, on retrouve, dans chaque tradition, un personnage masculin. Dès le début, le Père Noël va être représenté barbu, moustachu, les cheveux longs, tombant dans le cou, voire sur ses épaules, tel un druide. En Angleterre, il sera longtemps représenté avec une couronne de gui posée sur la tête.

Pour retrouver la trace d'une personnalisation du Père Noël en Europe, il faut remonter au XIIIe siècle. Le personnage apparaît de manière peu explicite dans quelques récits en patois, puis on le retrouve, à la fin de ce siècle, dans une chanson de quête d'Adam de la Halle :

Nos sires Noeus
Nous envoie à ses amis
C'est as amoureux
Et as courtois bien apris
Pour avoir des paradis.

Dans certaines provinces, on découvre la trace, au XIXe siècle, d'un bonhomme Noël, parfois appelé « bonhomme Hiver » ou « père Janvier ». Ce dernier est attendu par les enfants de Saône-et-Loire, tandis qu'en Allemagne du Nord, le Weihnachtsmann, est une sorte de saint Nicolas, en version profane. Toujours en Allemagne, à partir de 1870, le Knecht Ruprecht, le valet de saint Nicolas qui jusqu'ici jouait le rôle du père Fouettard, se bonifie. Il apparaît sous les traits d'un vieil homme, plié sous le poids d'une hotte chargée de cadeaux.

Au cours des siècles, l'église catholique tenta de mettre fin à ces coutumes païennes, mais devant leur persistance, elle décida de les adapter. Des saints prirent, peu à peu, la place des idoles. Ainsi, sainte Catherine, sainte Barbe ou saint Martin tinrent, dans certaines provinces d'Espagne ou d'Allemagne, le rôle de distributeurs de présents. Mais c'est saint Nicolas qui s'imposa, rapidement, comme le défenseur des enfants et leur bienfaiteur. La plupart des historiens le considèrent aujourd'hui comme le véritable ancêtre du Père Noël.

ILS ÉTAIENT TROIS PETITS ENFANTS

La Saint-Nicolas est fêtée le 6 décembre, jour présumé de la mort du saint. Ce dernier naquit au IIIe siècle, en Asie Mineure, où il devint évêque de Myre. Il se distingua en luttant contre le culte de Diane et d'Apollon. De nombreuses légendes commencent à circuler en Europe, à partir du XIIe siècle, sur la façon dont il sauva des enfants. La plus célèbre reste celle des trois jeunes frères tués par un boucher qui, tel un ogre, les prépara pour les manger. Saint Nicolas les découvrit, sept ans plus tard, et les ressuscita. Un autre récit raconte comment il sauva un trio de jeunes filles. Leur père, réduit à la misère, voulait les vendre et les prostituer. Mais le saint leur lança par la cheminée trois bourses, ou trois pommes d'or, qui tombèrent, selon les versions, dans une chaussette qui séchait ou dans des sabots posés près de l'âtre. Saint Nicolas était aussi le patron des marins, qu'il protégeait lors de leurs sorties en mer.

La légende des enfants

Ils étaient trois petits enfants
Qui s'en allaient glaner
aux champs...

S'en vont un soir chez un boucher :
Boucher, voudrais-tu nous loger ?
Entrez, entrez, petits enfants,
Il y'a d'la place assurément.

Ils n'étaient pas sitôt entrés,
Que le boucher les a tués,
Les a coupés en p'tits morceaux,
Mis au saloir comme pourceaux.

Saint Nicolas, au bout d'sept ans
Vint à passer dedans ce champ,
Alla frapper chez le boucher :
– Boucher, voudrais-tu me loger ?

Entrez, entrez, saint Nicolas,
Il y'a d'la place, il n'en manque pas.
Il n'était pas sitôt entré
Qu'il a demandé à souper.
Voulez-vous un morceau d'jambon ?
Je n'en veux pas, il n'est pas bon !
Voulez-vous un morceau de veau ?
Je n'en veux pas, il n'est pas beau !

Du p'tit salé je veux avoir,
Qui y'a sept ans qu'est dans l'saloir !
Quand le boucher entendit ça,
Hors de la porte, il s'enfuya.

Boucher, boucher, ne t'enfuis pas !
Repens-toi ! Dieu t'pardonnera !
Saint Nicolas alla s'asseoir
Dessus le bord de ce saloir.

Petits enfants, qui dormez là ,
Je suis le grand saint Nicolas.
Et le saint étendant trois doigts,
Les p'tits se levèrent tous les trois.

Le premier dit : – j'ai bien dormi !
Le second dit : – et moi aussi !
Et le troisième répondit :
Je me croyais au paradis !

Il serait même venu au secours de saint Louis et de sa femme, pris dans une tempête au retour d'une croisade. Enfin, il était également le protecteur des prisonniers et des moissons. À la fin du XIe siècle, ses reliques furent amenées de Myre à Bari, en Italie. La réputation du saint comme donneur de cadeaux remonte au XVIe siècle, comme semblent le prouver des écrits de Martin Luther, qui note sur son agenda, en 1535, une distribution de cadeaux le jour de la Saint-Nicolas. Puis on le retrouve dans le récit d'un habitant de Metz, daté de 1589. Il disparaît ensuite d'Allemagne du Nord pendant les événements de la Réforme. L'Enfant Jésus prend alors le relais dans cette partie de l'Europe. Au cours des siècles suivants, la coutume s'étend, comme en témoignent des peintures représentant la distribution de présents, parmi lesquelles celle du peintre hollandais Jan Steel, datant du XVIIe siècle, et sur laquelle on peut voir un des enfants qui pleure, parce qu'il n'a eu droit qu'à du bois vert. Saint Nicolas est ici accompagné d'un serviteur, Pierre le Noir, au visage recouvert de suie et chargé des verges, destinées aux désobéissants et aux méchants. Ce domestique deviendra le père Fouettard.

Au XIXe siècle, la représentation du saint patron est désormais partout, et les plus jeunes attendent avec impatience sa venue. Son culte reste particulièrement vivace en Lorraine, dont il est le patron. Un noble Lorrain aurait volé, en 1100, à Bari, un des doigts du saint. De retour chez lui, il l'offrit à son église qui devint Saint-Nicolas-de-Port. En l'an 1230, le chevalier Cunon de Réchicourt, également lorrain, est fait prisonnier lors d'une croisade. Enchaîné et jeté dans un cachot, il ne cesse de prier saint Nicolas. Après dix années de supplice, il est finalement condamné à mort, la veille du 6 décembre. Il passe sa dernière nuit à implorer son protecteur et, au matin, il se réveille par miracle dans son pays, sur le parvis de l'église Saint-Nicolas-de-Port. En 1657, le pape Innocent X fait officiellement de saint Nicolas le saint patron de la Lorraine, à la suite du duc René II qui l'avait choisi au XVe siècle lors de sa victoire à Nancy contre Charles le Téméraire.

De nombreux points communs

Un sympathique embonpoint, de bonnes joues rouges, une barbe blanche, une longue robe richement brodée, les points communs entre saint Nicolas et le Père Noël ne manquent pas. Tel son célèbre prédécesseur, ce dernier visite les maisons la nuit, attendant que tous les enfants soient endormis pour commencer sa distribution de cadeaux. Tous deux arrivent en volant dans le ciel, le saint sur son fidèle âne, le Père Noël grâce à ses rennes. Les plus jeunes de la famille doivent d'ailleurs veiller à laisser des lentilles, du blé, des carottes ou d'autres gourmandises pour les animaux. Petits et grands, en attendant, ont déposé sabots, chaussures, ou accroché un bas de laine à la cheminée. Les deux distributeurs de cadeaux ont des bottes, deux accrochées à l'âne de saint Nicolas, une seule sur le dos de son confrère. Mais l'un et l'autre vont passer par la cheminée pour descendre dans les foyers. Les seuls bruits qui les trahissent sont le tintement discret d'une petite clochette, le son cristallin d'un grelot d'argent. Leur différence va pourtant s'accentuer au cours du XXe siècle. Le Père Noël, d'abord considéré comme le messager de l'Enfant Jésus, va peu à peu devenir un personnage laïque ; tandis que saint Nicolas reste avant tout un personnage religieux, profondément lié à la religion protestante.

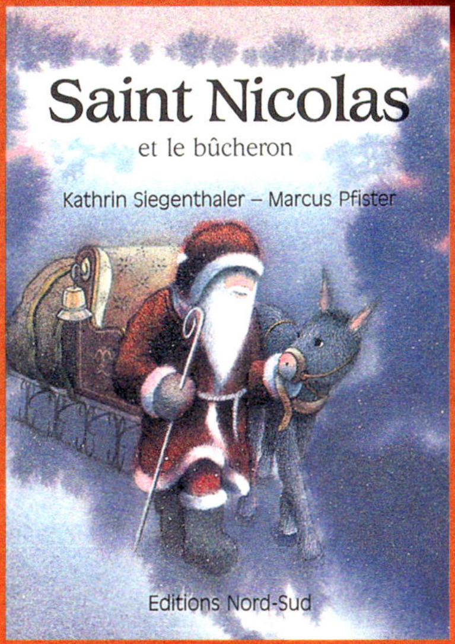

Merry Christmas To All
MOTOR
DECEMBER 1937
The BIG Store

SANTA CLAUS
SUPPLEMENT
THE LADIES' FIELD

CHRISTMAS HOLIDAY
STORIES
CHRISTMAS STOCKING SERIES
McLOUGHLIN BROTHERS
NEW YORK

SANTA CLAUS, L'AMÉRICAIN

C'est dans le Nouveau Monde, territoire à conquérir pour les assoiffés d'aventure, dans ce pays à l'autre bout de l'océan, que des hommes de la vieille Europe ont tenté de réaliser leurs rêves. Rien de plus normal, alors, que ce soit en Amérique que naquit une des plus belles légendes de la fin du XIXe siècle : celle du Père Noël. Contrairement aux puritains Anglais, les Hollandais aimaient les fêtes. Quand ces derniers débarquèrent en Amérique, beaucoup s'installèrent sur l'île de Manhattan, et la surnommèrent la Nouvelle Amsterdam. Là, ils continuèrent à fêter le 6 décembre la Saint-Nicolas, appelé chez eux, Sinter Klaas.

Le 23 décembre 1822, le docteur Clement Clarke Moore, un professeur de théologie, écrit pour ses enfants un long poème intitulé « La Visite de saint Nicolas ». Un an plus tard, dans le *Troy Sentinel*, le poème est édité sous le titre « A Visit From St Nicolas » et « The Night before Christmas ». Le texte remporte immédiatement un immense succès populaire – il est vrai que l'évêque a perdu son côté austère pour se transformer en joyeux lutin tout droit sorti de la mythologie païenne. En 1863, le personnage est croqué par le dessinateur Thomas Nast, créateur de l'oncle Sam, lorsqu'il illustre le poème pour le *Harper's illustrated Weekly*. Il représente alors un petit homme ventru tel un gnome, avec une épaisse barbe lui mangeant le visage et, posé sur sa tête, un ridicule petit chapeau orné de houx et de gui, symboles du paganisme. Il le surnomme Santa Claus, et l'installe sur un traîneau tiré par des rennes.

La nuit de Noël de Clement Moore

C'était la nuit de Noël
Pas le moindre petit bruit
Dans la maison rien ne bouge
Pas même le trot d'une souris.

Les chaussettes ont été accrochées
Avec soin devant la cheminée
En attendant saint Nicolas
(Santa Claus)
Qui doit bientôt passer par là.

Tandis que dans leurs lits
Les enfants se sont blottis
Leurs esprits s'émerveillent
Des friandises dont ils rêvent.

Maman et moi en bonnet de nuit
Nous étions juste endormis,
Bon oreiller et nuit d'hiver
Font le sommeil paisible.

Quand soudain j'entendis
Sur la pelouse un tel raffut
Que je sautai hors de mon lit
Pour aller me mettre à l'affût.

Comme un éclair je me précipitai
Pour ouvrir fenêtres et volets.

Toutes choses devant moi
Drapées de neige fraîche
Brillaient comme en plein jour
Sous l'éclat de la lune.

Tandis que mes yeux
s'émerveillaient
Devant ce paysage
Apparut un tout petit traîneau
Tiré par huit rennes minuscules.

À la vivacité et à l'agilité
Du petit vieux qui conduisait
Je devinai tout aussitôt
Que c'était là saint Nicolas.

Il sifflait, criait, et interpellait
Son attelage féerique
Qui filait plus vite que les aigles :

Vas-y Fougueux ! Vas-y Danseur
Vas-y Fringant et toi Grincheux
Allez Comète, allez Cupidon !
Allez Furieux et toi Lourdaud

Sautez par-dessus l'auvent
Sautez par-dessus le balcon !
Escaladons !
Pressons ! Pressons !

Alors d'un seul élan
Rennes, traîneau
et puis saint Nicolas
Se retrouvèrent ainsi
En haut du toit.

Et j'entendis alors, dans un éclair,
Les petits sabots qui piaffaient
et caracolaient
Sur le toit qui résonnait
Tout autour de la cheminée.

Comme je me retournais,
Éberlué,
Je vis sortir saint Nicolas
Bondissant hors de la cheminée.

Tout de fourrure vêtu
Des pieds jusqu'à la tête
Et ses habits étaient ternis
Par la cendre et par la suie.

Avec son balluchon de jouets
Flanqué sur son épaule
Il avait l'air d'un chiffonnier
Paré pour le marché.

Ses yeux, comme ils brillaient !
Ses fossettes joyeuses
Ses pommettes fleuries
Et son nez, telle une cerise rutilait !

Sa drôle de petite bouche,
Avec ses lèvres gourmandes,
S'entourait d'une barbe blanche,
Plus blanche que la neige !

Il tenait le bout de sa pipe
Bien serré entre ses dents
Et la fumée l'auréolait
Comme un vieux saint qu'il était.

Il avait un large visage
Une petite bedaine toute ronde
Qui tremblotait comme de la gelée
Quand le rire le secouait.

Il était joufflu et dodu
à souhait
Ce joyeux petit elfe
Et il me fit bien rire
Lorsque je l'aperçus.

Et un clin d'œil,
Un signe de la tête
Me firent vite comprendre
Que je n'avais rien à craindre.

Il n'ajouta pas un seul mot
Au travail se mit aussitôt
Vidant son sac
Pour remplir
toutes les chaussettes.

Et dès qu'il eut fini
Il me fit un petit salut
Et se frottant les mains
Il partit par le même chemin.

Sautant dans son traîneau
Il siffla son attelage.
Ils s'envolèrent au loin
Comme un chardon
dessus la dune.

Mais je l'entendis encore crier
Avant de s'éloigner de ma vue :
À tous, à tous, bonne nuit,
Joyeux Noël à tous !

Des éditeurs pour la jeunesse et des rédacteurs en chef d'hebdomadaires commandent à Thomas Nast des dessins de son personnage, avant que d'autres artistes s'en inspirent. Ainsi, au début du siècle, Buster Brown ou Little Nemo choisissent Santa Claus comme compagnon de facéties. En 1909, l'écrivain Washington Irving publie, sous le titre *Knickerbocker's History*, un roman qui devient très vite un incontournable de la littérature anglo-saxonne. Il raconte comment un équipage hollandais quitta Amsterdam, au XVIIe siècle, sur un trois-mâts dont la figure de proue représentait Sinder Klaas (saint Nicolas). Le navire fit naufrage et échoua. Sinder Klaas, une pipe à la bouche, apparut en rêve à un des marins et lui demanda de construire une ville à l'emplacement où s'élevait la fumée de sa pipe. En contrepartie, le saint s'engageait à rendre visite sur un chariot céleste aux enfants de la cité et à leur distribuer des cadeaux, une fois par an. Ainsi fut créée l'île de Manhattan. Ce récit popularisa le personnage de Santa Claus avant que le cinéma muet ne s'en empare à son tour et en fasse un de ses héros favoris.

Pendant longtemps, seuls les Hollandais fêtaient Noël. La plupart des autres immigrants, très puritains, refusaient de considérer ce jour comme chômé et interdisaient à quiconque de prendre un congé pour célébrer la naissance du Christ le 25 décembre, et ce jusqu'en 1856. Toute personne bravant cette interdiction devait s'acquitter d'une amende de 5 shillings. Mais, à partir de 1830, les États du Sud recommencent à commémorer Noël, suivis en 1856 par le Massachusetts. Seul l'État de l'Oklahoma refusera cette loi et ne cédera qu'en 1890. C'est peut-être pour rattraper le temps perdu qu'au XXe siècle, Noël devint très vite incontournable aux États-Unis. Le 25 décembre est célébré avec un faste dont seule l'Amérique est capable.

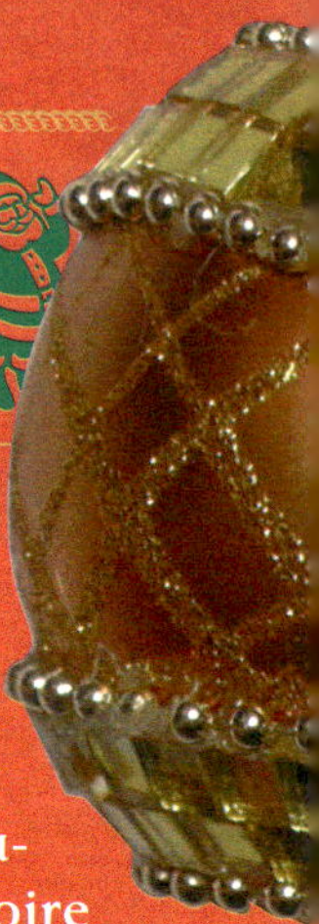

SANTA CLAUS DEVIENT LE PÈRE NOËL

Les émigrants européens, qui avaient emmené avec eux en Amérique leurs croyances païennes et leurs superstitions religieuses, créèrent le personnage de Santa Claus de la même manière qu'ils construisirent leur nouvelle nation. Ils imaginèrent un homme joyeux et bon vivant, très loin des êtres mythologiques ou chrétiens qui avaient jusqu'ici peuplé leur imaginaire. Si Santa Claus perdit la face sombre qui caractérisait la personnalité de ses prédécesseurs, il ne lui fut néanmoins pas facile de revenir dans la vieille Europe qui l'avait enfanté, continent encore emprunt de peurs ancestrales et de superstitions. Toutefois, à partir du XIXe siècle, la modernisation et l'émergence d'une nouvelle société préparèrent peu à peu l'arrivée de celui qui allait devenir, en France, le Père Noël. Déjà en 1855, George Sand y fait allusion dans un de ses textes, et ce n'est certainement pas un hasard car, à cette époque, l'écrivain représente l'image même de la modernité.

UN NOËL LORRAIN
" AU PRINTEMPS "

NOS visiteurs sont transportés sur la place publique d'un vieux village de Lorraine, au centre de laquelle se dresse la statue équestre de JEHANNE la bonne Lorraine.

En regardant le grand escalier, on voit le BONHOMME NOEL descendant de la forêt de sapins, accompagné de son âne chargé de jouets.

En tournant à droite, voici successivement : le NOEL DES BUCHERONS, dans la forêt de sapins ; le joyeux RÉVEILLON autour de la table abondamment servie, à chaque étage de la MAISON BOURGEOISE.

En tournant à gauche, on aperçoit successivement : le NOEL DES BÉBÉS, avec le grand Saint-Nicolas récompensant les enfants sages et punissant les méchants ; l'AUBERGE DE LA CROIX-DE-LORRAINE dont les hôtes réveillonnant gaiement, apparaissent à travers les fenêtres illuminées de la grande salle ; la SORTIE DE LA MESSE DE MINUIT, par la nuit claire et étoilée de Noel, dans un paysage couvert de neige et de givre.

Et, faisant face au grand escalier, l'ABSIDE DE LA VIEILLE ÉGLISE, avec ses vitraux multicolores figurant les armes des villes de la Lorraine et des villes de France ou Jeanne d'Arc, représentée elle-même sur le vitrail principal, entra victorieusement.

Au début du XXe siècle, l'histoire du Père Noël va être véhiculée, puis se propager grâce à quelques artistes et intellectuels parisiens. Les plus audacieux vont tenter la traversée de l'Atlantique, et reviendront avec nombre d'anecdotes sur les us et coutumes des Américains. Devant un auditoire fasciné, certains n'hésiteront pas à ajouter des détails et à exagérer leurs récits. Le faste des fêtes de Noël, les gigantesques sapins décorés au coin des rues, les magasins resplendissants de lumière font rêver les Français. Avec le développement du commerce, les fêtes de fin d'année prennent de l'ampleur, mais les mouvements anticléricaux désapprouvent les versions chrétiennes de saint Nicolas et du petit Jésus distribuant des cadeaux. L'image laïque du Père Noël les attire immédiatement.

En 1912, le grand magasin Le Printemps propose un Noël lorrain. La direction décide d'organiser une fête patriotique avec des enfants brandissant un drapeau français, chantant et dansant au son des tambours et des trompettes autour d'un saint Nicolas. Il est vrai que depuis la guerre de 1870, ils ont été plus de 200 000 à quitter la Lorraine et l'Alsace, et une communauté importante de Lorrains s'est installée à Paris et dans ses régions limitrophes. Mais les ligues anticléricales protestent et s'inquiètent, elles craignent que l'image du saint patron des enfants lorrains pénètre dans les écoles publiques. Afin de lutter contre les membres du clergé, les membres de ces ligues, pour la plupart des militants de gauche, vont adopter le personnage du Père Noël même s'il s'agit d'une création purement américaine.

L'arrivée des premiers films muets, puis des dessins animés de Walt Disney, dont certains mettent en scène le Père Noël, vont rendre ce héros de plus en plus populaire. Magdeleine du Genestoux, grande admiratrice de l'Amérique, écrit pour les éditions Hachette la novellisation de *L'Histoire du Père Noël* des studios Disney. Désormais, on retrouve partout le joyeux personnage dans les livres, les films et, surtout, sur des cartes postales. Mais c'est la firme Coca-Cola qui va le rendre célèbre dans le monde entier.

Une petite bouteille au service de Noël

En 1931, Coca-Cola cherche de nouveaux débouchés commerciaux. La firme décide d'utiliser la très charismatique image de Santa Claus pour conquérir le marché des enfants et demande à l'illustrateur Haddon Sublom de créer un dessin. Ce dernier peint le costume de son personnage en rouge et blanc, les couleurs de la marque. Mais son choix n'est en rien novateur. Certes, Thomas Nast le représentait couvert de fourrure brune, tel un ours, et il existait des pères Noël verts, des bleus ou d'autres vêtus de blanc immaculé rebrodé d'or, mais la couleur rouge revenait de façon récurrente. En Angleterre, dès son apparition à la fin du XIXe siècle, il porte une longue robe rouge avec une capuche. En France, pendant longtemps, ses tenues rappellent son passé religieux : une robe également, mais proche des vêtements sacerdotaux. Quant au rouge, n'est-il pas la couleur prépondérante des fêtes païennes, organisées en hiver autour du feu ? C'est également le feu qui symbolise Noël, une lumière dans la longue nuit de décembre.

The Present With A Future
WAR BOND
WAR BONDS

Noël 1944.
le journal de
SPIROU
Numéro Spécial de Noël • 20 Pages : 3 frs
9 9SV6
HD 17
HAPPY CHRISTMAS!

LE PÈRE NOËL EST UN GI

La seconde guerre mondiale va profondément bouleverser la société. Les souffrances et les deuils, endurés dans presque toutes les familles, donnent une place particulière au Père Noël. Il devient nécessaire, voire indispensable, de permettre aux plus jeunes de rêver. L'image du personnage semble alors se détacher totalement d'un quelconque symbole religieux. On peut prier pour la paix, pour que le conflit épargne les êtres aimés, pour le retour des prisonniers, mais devant tant de demandes essentielles, il serait presque indécent de prier simplement pour avoir des cadeaux dans ses souliers. Le bon Père Noël est là pour cela : on peut lui réclamer, sans culpabiliser, quelques friandises ou même des jouets. Il ne s'intéresse qu'aux enfants, et semble bien loin des préoccupations des adultes et de leur folie meurtrière.

Après le débarquement, lorsque les GI libèrent l'Europe, les foules en liesse acclament ces soldats en sauveurs. Il ne s'agit pas pour elles de combattants, mais de libérateurs qui arrivent dans les villes et les villages au volant de leur Jeep les bras chargés de cadeaux, de bas, de chewing-gums, tels les fils du Père Noël, venu comme eux d'Amérique. Ainsi, dans les pays libérés du bloc de l'Ouest, l'aura du Père Noël ne cesse de grandir : il est le symbole de ce pays libérateur, où il fait bon vivre et s'amuser. Dès le début des années 1950, à grand renfort d'articles, les médias vantent et glorifient cette Amérique idyllique. À présent, il est nécessaire de relancer l'économie des nations appauvries par la guerre et pour cela, les gouvernements vont s'inspirer, de nouveau, des États-Unis. Il faut pousser les gens à consommer, le plus possible, même si les populations européennes, qui ont souffert de privations, sont tentées d'économiser en prévision d'un avenir encore incertain. Les biens de consommation se multiplient donc. Le boum de l'électroménager, le développement des loisirs, le désir de modernité des jeunes, le terrain semble prêt pour lancer une opération commerciale sans précédent. Les fêtes de fin d'année seront le prétexte idéal. Grâce à elles, les gens vont pouvoir assouvir leur désir d'achat, sans inhibition. Si les enfants en sont les grands bénéficiaires, les adultes ne vont pas être oubliés. Une machine à laver, un réfrigérateur, et même parfois, une voiture, rien n'est trop surréaliste ou trop important pour le Père Noël.

En jovial VRP, le Père Noël peut assouvir les moindres désirs, et si des contraintes financières handicapent les acheteurs, il trouve une solution : ses petits lutins se sont transformés en financiers, et les crédits à la consommation n'ont plus de secrets pour eux… Désormais, le Père Noël apparaît partout, dans les grands magasins, dans la rue, dans les vitrines. Quand les enfants, surpris, s'interrogent sur cette incroyable prolifération, les grands ont toujours une réponse. Il a tellement de travail, qu'il est bien obligé de se faire aider.

Brûler le père Noël
revient à brûler les enfants
comme hérétiques s'ils y croient
et s'ils n'y croient pas,
à brûler leurs rêves.
Jean Cocteau
*

LE RETOUR DE L'INQUISITION !

L'Église catholique ne voit pas avec bienveillance l'omniprésence de ce personnage, désormais, totalement laïque, qui, tel le diable, tente ses ouailles et les pousse à consommer des produits inutiles. La colère grondante des fidèles va aller crescendo pour finir par éclater d'une façon particulièrement violente. Le 23 décembre 1951, la société française, avide de modernité, va se retrouver plongée dans l'obscurantisme du Moyen Âge. *France-Soir* en fait sa une : « Devant les enfants des patronages, le Père Noël a été brûlé sur la cathédrale de Dijon. » Un pantin de deux mètres cinquante composé d'une structure de fer et vêtu d'un habit de papier rouge et blanc, est pendu aux grilles de la cathédrale Sainte-Bénigne, puis brûlé sur le parvis. « Cette exécution spectaculaire s'est déroulée en présence de plusieurs centaines d'enfants des patronages. Elle avait été décidée avec l'accord du clergé qui avait condamné le Père Noël comme usurpateur et hérétique. Il avait été accusé de paganiser la fête de Noël et de s'y être installé comme un coucou en y prenant une place encore plus grande. » Un communiqué est publié par les responsables de l'Église : « Représentant tous les foyers chrétiens de la paroisse désireux de lutter contre le mensonge, 250 enfants, groupés devant la porte principale de la cathédrale de Dijon, ont brûlé le Père Noël. Il ne s'agissait pas d'une attraction, mais d'un geste symbolique. Le Père Noël a été sacrifié en holocauste. À la vérité, le mensonge ne peut éveiller le sentiment chez l'enfant et n'est en aucune façon une méthode d'éducation. Que d'autres disent et écrivent ce qu'ils veulent et fassent du Père Noël le contrepoids du père Fouettard. Pour nous, chrétiens, la fête de Noël doit rester la fête anniversaire de la naissance du Sauveur. » Le député maire de Dijon, le chanoine Kir, lui-même ecclésiaste, décide prudemment de ne pas prendre parti. Mais les partisans du Père Noël, la plupart appartenant aux partis politiques de gauche, réagissent de façon tout aussi spectaculaire : le soir du 24 décembre, ils organisent une résurrection. Ils font apparaître le Père Noël sur le toit de l'hôtel de ville, sous les feux des projeteurs, un micro à la main, rassurant les foules et confirmant aux enfants son existence. Deux mois plus tard, à la veille du carnaval, l'Académie des sciences, arts et belles lettres de Dijon réhabilite le Père Noël, très officiellement. Les responsables épiscopaux français en profitent pour afficher ouvertement leur opinion à l'aide de communiqués comme celui de l'archevêque de Toulouse, le cardinal Saliège : « Ne parlez pas du Père Noël pour la bonne raison qu'il n'existe pas et n'a jamais existé ! Ne parlez pas du Père Noël, car le Père Noël est une invention dont se servent les habiles pour enlever tout caractère religieux à la fête de Noël.
Mettez les cadeaux dans les souliers de vos enfants, mais, ne dites pas ce mensonge que le petit Jésus descend dans les cheminées pour les apporter. Ce n'est pas vrai. Ce qu'il faut faire, c'est donner la joie autour de vous, car le sauveur est né. »
Les positions de l'Église provoquent un effet contraire, car, comme le fait remarquer Claude Lévi-Strauss, en mars 1952, dans la revue *Les Temps modernes* : « Figure d'une splendeur toute païenne, le Père Noël supplicié en public, tel le roi des Saturnales, condamné au bûcher, tel celui du carnaval, a donné aux autorités ecclésiastiques l'occasion inattendue de restaurer le héros dans sa plénitude ; après une éclipse de quelques millénaires, ils se sont en effet chargés, sous prétexte de le détruire, de prouver, eux-mêmes, la pérennité de cette figure rituelle. »
De son côté, dans une lettre ouverte intitulée « Je t'accuse » publiée dans *France-Soir* et adressée à François Mauriac qui n'avait pas aimé sa pièce *Bacchus*, Jean Cocteau écrivit ces lignes : « Brûler le Père Noël revient à brûler les enfants comme hérétiques s'ils y croient et s'ils n'y croient pas, à brûler leurs rêves. »

LE PÈRE NOËL SUR LES DIVANS DES PSYCHANALYSTES

Dans la seconde moitié du XXe siècle, l'Église perd la bataille et le Père Noël supplante presque tous ses concurrents. Seul saint Nicolas continue à être fêté régulièrement dans une partie de l'Allemagne et dans l'est de la France. Mais les enfants de ces régions mettent aussi, le 24 décembre, leurs souliers devant la cheminée. La société de consommation règne désormais en maîtresse absolue, elle use et abuse de l'image du Père Noël. On le retrouve partout, dans la publicité, sur les couvertures des magazines ou dans les magasins. Il est devenu incontournable. Mais un autre débat s'engage, dans cette société perpétuellement attentive au bien-être de l'enfant. Les psychologues s'interrogent, et les journaux se font l'écho de leurs inquiétudes : « Faut-il mentir aux enfants ? » Quel peut être le traumatisme d'un jeune, lorsqu'il découvre que ses parents lui ont menti, va-t-il leur retirer sa confiance ? Certes la découverte de la vérité est parfois traumatisante, mais la plupart des enfants ne sont pas vraiment dupes. Dès qu'ils grandissent, ils s'aperçoivent que le Père Noël n'existe pas, mais continuent cependant « à faire semblant », parfois pour ne pas décevoir leurs propres parents, mais surtout pour prolonger le plaisir. Ils y arrivent tant qu'ils arrivent à croire « à l'esprit de Noël ». Alors comme dans le merveilleux film *Le Pôle express* (2004) de Robert Zemeckis, ils peuvent encore entendre teinter le grelot d'argent du Père Noël. Quant aux féministes, elles s'indignent ! Le Père Noël, à la virilité et à la pilosité particulièrement développée, donne une fois de plus le beau rôle aux hommes… Pourquoi ce généreux donateur serait-il forcément masculin ? Une femme serait tout aussi capable d'accomplir cette tâche. D'ailleurs, l'image de la mère Noël apparaît dès le XIXe siècle. Elle descend même, par le toit, dans le grand magasin La Samaritaine. Néanmoins, au grand dam des féministes, elle n'arrivera jamais à s'imposer face à son homologue masculin…

TÉMOIGNAGES

Faut-il lui faire cro ire au Père Noël ?

Sylviane et son mari ne sont pas d'accord

Ce n'est pas vraiment un mensonge

douloureux (à âge égal, les différences de maturité sont importantes). Mais il est nécessaire : l'enfant doit devenir conscient qu'il existe une limite à son rêve, que tout n'est pas possible. Une fois le choc passé, il tirera une grande fierté de sa découverte, car il y a toujours dans l'entourage un plus petit qui y croit encore et pour lequel il faut tenir sa langue. Il apprendra du même coup le respect de la croyance des autres. Cette complicité nouvelle avec les adultes constitue un repère : celui de l'âge de raison. C'est pourquoi je crois aux vertus éducatives du Père Noël. Non seulement il développe l'imagination et représente un premier apprentissage de l'attente, de l'espoir, de la patience, mais il permet aussi à l'enfant de grandir, en trouvant un juste équilibre entre rêve et réalité. Toutes ces bonnes et vraies raisons suffiront-elles à convaincre votre mari ? ■

étaient juste les émissaires du vrai, celui que l'on ne voit jamais. Ils trouvent toujours des explications pour protéger leur croyance ! La récupération commerciale semble inévitable à notre époque. Mais les parents ne sont pas obligés d'adhérer à cette surabondance. Le Père Noël n'est pas né de l'idée de profit. Durant la première moitié du siècle, nombre d'enfants recevaient pour seul cadeau une orange ! Ils étaient tout aussi heureux. ■

Un héros de légende qui a toujours autant de succès.

Quelle que soit votre difficulté, si vous avez un problème dont vous aimeriez parler, écrivez-nous. Si vous préférez, votre nom ne sera pas divulgué.

Ce qu'elles en pensent

Fabienne N., Menton, 41 ans :
« Je m'en suis très bien passée »

Dans ma famille, Noël était avant tout une fête religieuse. Afin d'éviter toute confusion, on m'a toujours dit que le Père Noël n'existait pas, mais qu'il fallait respecter les croyances des autres enfants, et ne pas le dévoiler. Pour moi, le Père Noël faisait partie du décor, au même titre que le sapin et les guirlandes. Je ne me suis sentie ni frustrée ni exclue, au contraire. J'étais habitée par un sentiment de supériorité extraordinaire, car je partageais un secret avec les adultes. ■

Hélène B., Colombes, 51 ans :
« Pour moi, la déception fut atroce »

Mes parents m'ont élevée dans l'idée que le Père Noël et le petit Jésus apportaient ensemble les cadeaux. Tous deux descendaient du ciel, accompagnés des anges, pour gâter les enfants. Jusqu'à 10 ans, j'y ai cru. Et puis, un jour, je me suis rendu compte que c'était ma grand-mère qui avait tricoté la robe de poupée que j'avais reçue pour Noël. J'ai vécu cette révélation comme un drame, traversant une véritable crise morale. Tout mon monde s'écroulait : le ciel était coupé de la terre, Dieu n'existait plus. Cette expérience avait été tellement traumatisante que j'ai voulu l'épargner à mes trois enfants. Pour conserver le côté féerique de la fête, nous avons observé tous les rituels. Mais, ils ont toujours su que le Père Noël, c'était pour de faux. Ça ne les a pas empêchés d'être émerveillés devant leur sapin. ■

Marie D., Sens, 35 ans :
« J'ai refusé de les en priver »

Moi aussi, Sylviane, je me suis trouvée dans cette situation. Pour moi, le Père Noël, c'était ce qu'on a de plus beau dans sa vie. Alors j'ai fait un pacte avec mon mari. Je lui ai dit : « Ecoute, il est hors de question d'en priver nos enfants. Je ne t'oblige pas à participer au mensonge, mais je te demande de ne pas vendre la mèche. » Il a accepté et a été ému autant que moi par les réactions des enfants. Nous sommes croyants. Mes enfants savent qu'à Noël on fête la naissance de Jésus. Nous installons une crèche et suivons la messe de minuit. Ça ne me paraît nullement incompatible avec l'idée de Père Noël. On ne peut pas non plus la ramener à une simple question commerciale. Je pense que son rôle est ailleurs. Quant au traumatisme du moment de vérité… Notre fille a arrêté d'y croire en douceur. A son entrée en primaire, des grands lui ont dit que le Père Noël n'existait pas. Lorsqu'elle a sollicité mon arbitrage, je lui ai retourné la question : « Qu'est-ce que tu en penses ? ». « Moi, j'y crois », m'a-t-elle répondu. L'heure n'était pas encore venue pour elle d'y renoncer. L'année suivante, en revanche, elle m'a déclaré : « Je sais que ce sont les parents qui apportent les cadeaux », sans manifester aucune déception. ■

Propos recueillis par Laurence Delpierre

prima 63

AUTOUR DU PÈRE NOEL LES LETTRES S'AMONCELLENT EN TAS.

LE PÈRE NOEL SE MET A RIRE EN LISANT LES LETTRES.

« Mon enfant chéri,

Ta gentille lettre
m'a fait beaucoup
de plaisir. Je t'envoie mon portrait.
Tu vois que le facteur m'a trouvé,
il est très malin.
J'ai reçu beaucoup de commandes.
Je ne sais pas si je pourrai t'apporter
ce que tu m'as demandé.
J'essaierai, mais je suis (très) vieux
et quelquefois je me trompe,
il faut me pardonner.
Sois sage travaille bien.

Je t'embrasse fort.
Le Père Noël »

Le Père Noël de la poste

Devant l'affluence des lettres adressées au Père Noël, le ministre de la Poste, Jacques Marette, décide en 1962 de faire écrire par sa sœur, la psychanalyste Françoise Dolto, une réponse (voir ci-contre) Illustrées par René Chag, 5 000 missives seront envoyées cette année-là. Cinq ans plus tard, les services postaux doivent faire face à 50 000 courriers ! Tentée de mettre un terme à cette coûteuse opération, la direction de la Poste change vite d'avis devant le tollé provoqué par sa décision. Un service spécial est créé à Libourne et des écrivains endossent, chacun leur tour, le rôle du Père Noël tel Jean-Pierre Guéno, qui en sera le messager pendant sept ans. Il constate que dans 40 % des lettres, les enfants, âgés de 3 à 8 ans, passent commande, mais « avant même de penser à lui demander leurs cadeaux, ils lui offrent leur générosité instinctive ; ils l'invitent à prendre soin de sa santé, de sa femme, de ses rennes et de ses lutins. Ils lui demandent de soulager les problèmes de leurs parents, les misères du monde, les douleurs de ceux qui souffrent, la solitude des exclus. » Depuis quelques années, les lettres diminuent mais elles sont remplacées par des e-mail, pouvant aller jusqu'à 20 000 par an.

Les autres donneurs de cadeaux

À partir du XVIIe siècle, pour de nombreux enfants, c'est Jésus qui distribue les cadeaux. Dans l'Allemagne du Nord et dans une partie de l'Alsace, il prend la place de saint Nicolas, considéré comme trop papiste après la Réforme. Mais un nouveau-né ne peut descendre par la cheminée ! Pour résoudre le problème, il prend alors la silhouette d'une fillette ou d'un garçonnet, vêtu de blanc, ou d'une ravissante jeune fille de 15 ans, en tenue immaculée, une couronne sur la tête et accompagnée d'anges. Cette croyance sera finalement condamnée par l'Église, car elle met en danger la foi des enfants. En effet, lorsque ces derniers seront devenus grands et qu'ils s'apercevront que leurs parents leur ont menti, ils risquent de remettre également en question l'existence même de Jésus. Dans toute une partie de l'Espagne, le 6 janvier, les Rois mages apportent des friandises et des présents aux plus jeunes, comme ils le firent pour Jésus. Tandis qu'en Russie, la vieille Babouchka distribue les cadeaux malgré sa fatigue. L'histoire dit qu'elle aurait refusé de suivre les Rois mages qui passaient devant sa demeure, mais prise de remord, elle tenta de les rejoindre. Depuis, elle fait la tournée des maisons avec sa hotte remplie de jouets, car elle espère un jour trouver Jésus. En Italie, la légende est presque identique, mais la vieille femme se nomme Befana ; telle une sorcière, elle se déplace sur un balai. Tout aussi âgée, on trouve, en Franche-Comté, la tante Arie, mi-sorcière, mi-fée, ou Frau Holle en Allemagne, tout droit venue de la mythologie. Autre déesse païenne, cette fois-ci nordique, Berchta, quittait le 6 janvier la chevauchée fantastique de l'armée des morts menée par Odin (Wotan) pour distribuer des cadeaux. Fées, anges ou autres personnages magiques, chaque région de chaque pays a ses propres légendes qui s'inspirent autant de la mythologie païenne que des récits bibliques ; toutes mêlent le merveilleux au fantastique, sans jamais oublier l'indispensable touche sombre et effrayante.

PÈRES FOUETTARDS ET AUTRES CROQUEMITAINES

Dès qu'apparaissent des personnages distribuant des cadeaux, leurs doubles négatifs ne sont jamais très loin derrière eux. Seuls les enfants sages doivent être récompensés ; pour les autres, les verges, puis le martinet restent les seuls présents. La violence des punitions corporelles s'associe à une représentation extrêmement effrayante de ces redresseurs de torts. Dans l'Antiquité, les dieux païens ont presque toujours deux personnalités : ils peuvent faire preuve de bonté, comme châtier sans pitié. Mais au fil des siècles, les hommes préfèrent octroyer à leurs donneurs de cadeaux des compagnons maléfiques, tel le célèbre valet de saint Nicolas. Ce dernier porte différents noms : Pierre le Noir en Hollande, Tad Nedelec en Bretagne, Hans Träpp en Alsace, Knecht Ruprecht en Allemagne, Krampuss au Tyrol. Au départ, son rôle n'est pas aussi négatif puisqu'il est chargé de puiser dans les hottes de l'âne de saint Nicolas les récompenses pour les enfants sages et les punitions pour ceux qui ont désobéi. Puis il se transforme en père Fouettard et devient particulièrement méchant, laissant le beau rôle au saint. Il ne se contente pas de taper, il emporte aussi les gamins dans sa hotte, et personne ne les revoit jamais plus. Les a-t-il mangés, s'est-il métamorphosé en croquemitaine ou en ogre ?

Le père Fouettard apparaît au XVIe siècle, à Metz, où il aurait été inventé par les artisans tanneurs. Ceux-ci auraient fabriqué une marionnette grotesque portant un fouet afin de ridiculiser l'empereur Charles Quint qui faisait le siège de la ville. Mais pour l'ethnologue et folkloriste Arnold Van Gennep, il ne s'agirait que d'une « invention scolaire créée par les pédagogues du XVIIIe siècle ». Si le personnage disparaît au cours de la seconde moitié du XXe siècle, ce n'est certainement pas un hasard. L'enseignement obligatoire jusqu'à l'âge de 16 ans, la désertification des campagnes, l'ouverture sur le monde grâce aux médias et, en particulier, la télévision, ont mis à mort, peu à peu, les superstitions et les peurs ancestrales. Sorcières, goules, dames blanches et croquemitaines se sont évanouis, laissant seul et triomphant, le positif Père Noël.

AU PAYS DU PÈRE NOËL

D'où vient le Père Noël ? Quel est son pays ? Où fabrique-t-il les jouets qu'il distribue dans la nuit du 24 décembre ?

Dès son apparition, Thomas Nast le dessine au pôle Nord, quand Clement Moore choisit comme attelage un chariot tiré par des rennes, animaux fétiches des pays nordiques. Mi-dieu païen, mi-saint Nicolas du mois de décembre, il est fêté en hiver, au moment du solstice. Il serait bien difficile pour les enfants de l'imaginer dans un autre contexte, bronzant sur une plage ou se promenant dans les prés, sous le doux soleil du printemps. Le Père Noël incarne l'espoir surgissant de la nuit d'hiver, bravant les épreuves et les intempéries pour venir distribuer ses cadeaux.

Il serait également incroyable de l'imaginer évoluer au milieu de ses concitoyens, dans la foule new-yorkaise, pêchant au bord de la Seine, ou cherchant son chemin dans le brouillard londonien. Il fallait un territoire vierge, loin de toute agitation et des différentes ethnies, car le Père Noël ne peut pas appartenir à une race particulière. Il n'adopte aucune nationalité, il les représente toutes à la fois. Le pôle Nord n'est-il pas, alors, le lieu idéal, un endroit neutre où ne vivent que quelques Esquimaux, silencieux et discrets. Et quel enfant peut s'imaginer un jour se rendre au pôle Nord ? C'est le pays des songes, perdu à l'autre bout du monde, une banquise inatteignable. Avez-vous déjà entendu quiconque raconter dans la cour de l'école qu'il s'y rendait en vacances ? Il serait immédiatement taxé de menteur, d'affabulateur. Le pôle Nord, enfin, n'est-il pas l'un des lieux les plus magiques de la terre ? La neige immaculée brille de mille petites étoiles, les éléments ne font qu'un, la mer gelée, les icebergs, le ciel bas, même les ours se fondent dans le paysage. Les bruits sont étouffés, comme dans la nuit de Noël, lorsque, alourdi de sommeil, vous tentez de lutter pour écouter tous les sons de la maison, juste avant de vous endormir, juste avant son passage.

LE PÈRE NOEL FAIT CLAQUER SON FOUET.

LES PETITS LUTINS PORTENT DES PAQUETS BIEN FICELÉS DESTINÉS
EXPÉDIÉS LA NUIT DE NOËL DANS TOUS LES PAYS DU MOND

A Merry Christmas
N. POLE WIRELESS CO.
SANTA CLAUS, Prop.
NORTH POLE

AUTOUR DU SAPIN

DES ORIGINES PAÏENNES

Le sapin est devenu le symbole absolu de la fête de Noël. Il permet à chacun de décorer sa maison, sans afficher son appartenance à une quelconque obédience religieuse. L'église catholique, après l'avoir fustigé, le revendique désormais comme emblème. Les protestants, depuis la Réforme, ont favorisé son expansion à travers le monde entier. Quant aux athées, ils ne voient en lui qu'un vestige des fêtes païennes. Il a sa place, également, dans les salons des familles juives et musulmanes, qui se prêtent joyeusement au jeu du Père Noël, malgré l'opposition de certains membres de leur communauté religieuse.

L'arbre a de tout temps fasciné les hommes. On le trouve déjà au centre de scènes rituelles sur des peintures rupestres scandinaves, datant de l'âge du bronze. Chez les Celtes et les Germains, un arbre était associé à chaque mois lunaire. Ainsi, pour célébrer les cérémonies païennes de Jul, le 21 décembre, jour de la renaissance du soleil, on avait choisi l'épicéa, surnommé « l'arbre de l'enfantement ». Il était décoré de torches et de rubans de couleurs. Les Grecs, eux, honoraient le chêne de Zeus, à Dodone, et celui de la déesse Diane, près du lac de Némée. Chez les Romains, au moment des Saturnales de décembre et des calendes de janvier, les citoyens paraient leurs logis de feuillages et de branches. En Inde, à l'époque védique, il était question de « l'arbre de vie ». Enfin, on le retrouve dans la Bible auprès d'Adam et Ève, unique compagnon des deux premiers hommes (avant même le serpent) offrant son fruit tentateur.

L'arbre de Noël est-il l'héritier de ces rites anciens ? C'est fort possible, car l'Église catholique a emprunté nombres de coutumes païennes, et, surtout, a dû s'adapter à des traditions profondément ancrées dans la mémoire collective. Au Moyen Âge, sur le parvis des églises, des pièces de théâtre, appelées « mystères », reprenaient des passages de la Bible. Un des plus prisés mettait en scène Adam et Ève. Il se jouait le 24 décembre, car selon l'ancien calendrier chrétien, ce jour leur était réservé. Pendant la représentation, on amenait sur la scène un sapin paré de roses de papier et de pommes rouges, il symbolisait la connaissance et devait être vert. À cette époque de l'année, seuls les conifères répondaient à ce critère. La légende du moine allemand saint Boniface, né en 680, parle elle aussi d'un sapin. Le saint tentait d'évangéliser des druides germains, près de Geismar. Pour leur prouver que les chênes qu'ils vénéraient n'avaient rien de sacré, il en fit abattre un. En tombant, l'arbre écrasa tout autour de lui, exception faite d'un jeune sapin. Saint Boniface déclara qu'il s'agissait d'un miracle, et le baptisa « arbre de l'enfant Jésus ». À partir de ce jour, en Allemagne, on planta des sapins pour célébrer la naissance du Christ.

LES PREMIERS ARBRES DE NOËL

La trace du premier sapin de Noël, dressé spécialement pour fêter la Nativité, apparaît en Alsace. On retrouve dans les archives de la ville de Sélestat un édit municipal datant de 1521. Le document donne l'autorisation aux gardes forestiers de laisser les habitants couper des petits sapins pour fêter Noël. C'est à Strasbourg, treize ans plus tard, qu'il est à nouveau fait mention d'un arbre de Noël. Dans cette même ville, les marchands de Nuremberg venaient assister à la traditionnelle foire du mois de décembre. Charmés par ces arbres décorés, ils propagèrent cette idée dans leur ville, puis dans toute l'Allemagne. Martin Luther venait d'engager un bras de fer avec la papauté, bras de fer qui provoquera la Réforme et la naissance du protestantisme. Les protestants rejetèrent la crèche, symbole du catholicisme, et s'emparèrent du sapin de Noël. Ce fut le début d'une tradition qui s'étendra à la Scandinavie, avant de gagner toute l'Europe protestante et d'atteindre les pays slaves.

Comme pour sceller cette alliance entre le père du protestantisme et l'arbre de Noël, une légende est née… Un soir d'hiver, Martin Luther regagnait son domicile. En marchant, il réfléchissait au sermon qu'il prononcerait le lendemain. Son regard fut attiré par les étoiles qui scintillaient à travers les sapins. Émerveillé par ce spectacle, il voulut l'offrir à sa famille. Il fit donc dresser un arbre paré de chandelles et réalisa ainsi le premier sapin illuminé. En réalité, l'usage de bougies dans les arbres de Noël ne se propagera qu'à la fin du XVIIe siècle. Le pasteur Johann Konrad Dannhauer, auteur du *Catechismus Milch* (1642-1646), décrit les décorations que l'on trouvait précédemment : « Pour Noël, il est d'usage à Strasbourg d'élever des sapins dans les maisons, on y attache des roses en papier de diverses couleurs, des pommes, du sucre… » Bien que protestant, il fustige cette coutume et déplore que les parents se mettent à accrocher des présents aux branches : les enfants doivent les secouer et faire tomber bonbons et joujoux. Peu à peu, on commence à disposer des bougies ou des coquilles de noix remplies d'huile sur lesquelles flottent des petites mèches, ces dernières étant bien moins onéreuses que la cire. Ces petites lumières évoquent la lumière apportée aux hommes par Jésus. Puis, on rajoutera une étoile à la cime, symbolisant celle qui guida les bergers et les Rois mages jusqu'à Bethléem. L'arbre devait être érigé la veille de Noël, et enlevé douze nuits après, pour l'Épiphanie.

Des sapins parés

À la cour de France, le premier sapin apparaîtra en 1738. Il est dressé au château de Versailles pour l'épouse de Louis XV, Marie Leszczynska, d'origine polonaise. Mais il faut attendre 99 ans pour que l'expérience soit renouvelée. Ce sera, cette fois, l'Allemande Hélène de Mecklembourg, épouse du duc d'Orléans, qui l'imposera aux Tuileries. Mais l'Église catholique s'érige violemment contre cette pratique qu'elle qualifie de païenne. En Angleterre, la coutume arrive en 1840 grâce au prince Albert, époux de la reine Victoria. Le prince, d'origine allemande, propose à sa femme d'installer un sapin richement décoré au château de Windsor, lors de la fête de Noël. Le succès est tel qu'ils sont imités, dès l'année suivante, par tout leur entourage. Si au cours des siècles, l'arbre de Noël va changer de physionomie, ses décorations restent essentiellement comestibles. Les fruits composent l'essentiel de l'ornement, même si on y a ajouté des pains d'épice. D'après un récit, les boules apparaissent au milieu du XIXe siècle. En 1858, l'hiver est particulièrement rigoureux : les pommes gèlent et ne peuvent être utilisées pour décorer les sapins. Un artisan particulièrement astucieux fabriqua alors des imitations du fruit en verre, et créa ainsi les premières boules de Noël. Réalité ou une simple histoire pour les enfants ? Quelle importance ! Dès qu'il s'agit de Noël, légendes ou faits authentiques semblent se confondre.

Chant de Noël

« Cet arbre, planté au milieu d'une large table ronde et s'élevant au-dessus de la tête des enfants, est magnifiquement illuminé par une multitude de petites bougies et tout garni d'objets étincelants. Il y a des poupées aux joues roses qui se cachent derrière les feuilles vertes, il y a des montres, de vraies montres, ou du moins avec des aiguilles mobiles, de ces montres qu'on peut monter continuellement ; il y a de petites tables vernies, de petites armoires et d'autres meubles en miniature qui semblent préparés pour le nouveau ménage d'une fée ; il y a des petits hommes à face réjouie, beaucoup plus agréables à voir que bien des hommes réels – car si vous leur ôtiez la tête, vous les trouveriez pleins de dragées. Il y a des violons et des tambours, des livres, des boîtes à ouvrage, des boîtes de bonbons… toutes sortes de boîtes ; il y a des toutous, des sabots, des toupies, des étuis à aiguilles, des essuie-plumes et des imitations de pommes, de poires et de noix contenant des surprises. Bref, comme le disait tout bas devant moi un charmant enfant à un autre charmant enfant, son meilleur ami : il y avait de tout et plus encore ! »

Charles Dickens, Chant de Noël

Le Sapin

« Le sapin fut dressé dans un tonneau rempli de sable, mais personne ne pouvait voir que c'était un tonneau, car il était enveloppé d'une étoffe verte, et il était posé sur un grand tapis bariolé. Oh, comme l'arbre était frémissant ! Qu'allait-il devenir ? Des domestiques et des demoiselles se mirent à le parer. À une branche pendaient des petits filets découpés dans du papier de couleur ; chaque filet était rempli de bonbons ; des pommes et des noix dorées étaient accrochées comme si elles avaient poussé là, et plus de cent petites lumières rouges, bleues et blanches étaient fixées dans les rameaux. Des poupées, qui avaient tout à fait l'air d'être des personnes – l'arbre n'en avait jamais vu –, se tenaient en l'air dans la verdure, et tout en haut, à la cime, fut placée une grande étoile de clinquants. »

Hans Christian Andersen, Le Sapin

HANS CHRISTIAN ANDERSEN ET CHARLES DICKENS

Bien avant Coca-Cola et son jovial Père Noël, le romancier anglais Charles Dickens (1812-1870) et le conteur danois Hans Christian Andersen (1805-1875) donnèrent à Noël une dimension populaire. Grâce à leurs écrits, ils insufflèrent l'envie de fêter joyeusement le 25 décembre en famille, en plus de se rendre aux trois messes. Les récits s'adressaient aux enfants et étaient lus par les mères. Or si les hommes prenaient un grand nombre d'initiatives, les femmes étaient décisionnaires au sein même du foyer. Ces dernières s'inspirèrent des textes d'Andersen et de Dickens pour décorer leur intérieur.

Presque toutes les classes sociales ont désormais accès à ces récits, avec l'apparition de collections d'ouvrages peu onéreux, comme ceux édités dans les bibliothèques de gare en Angleterre, et ceux lancés en France par Louis Hachette. Si les deux auteurs sont unanimement appréciés, les contes d'Andersen finissent toujours mal. Le pauvre sapin sera brûlé dans la cheminée, et sa petite marchande mourra de froid, le soir de Noël ! La vision de Dickens paraît bien plus optimiste. Ce romancier de génie, pourtant maître absolu du roman réaliste, va insuffler, avec son magnifique *Chant de Noël*, l'idée magique « de l'esprit de Noël ». Cet esprit, loin de toute idéologie religieuse, est pourtant capable de faire des miracles. Il transforme les cœurs les plus endurcis pour en faire des hommes bons et généreux. Une digne préparation de la fête est indispensable pour permettre à « l'esprit de Noël » de souffler, et il n'y a pas de fête sans sapin.

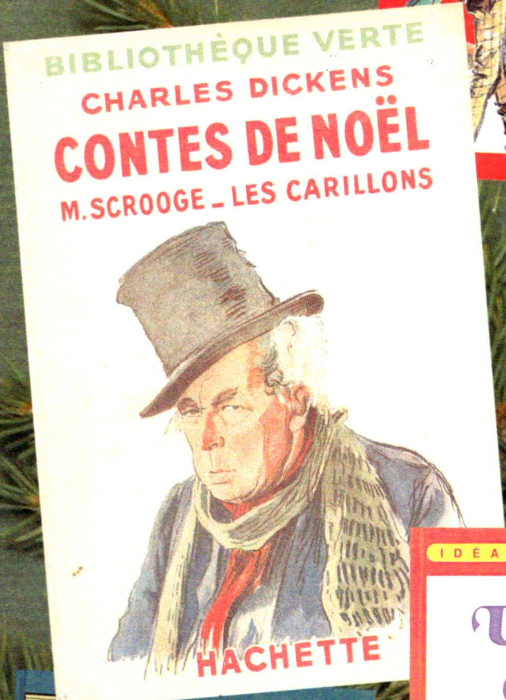

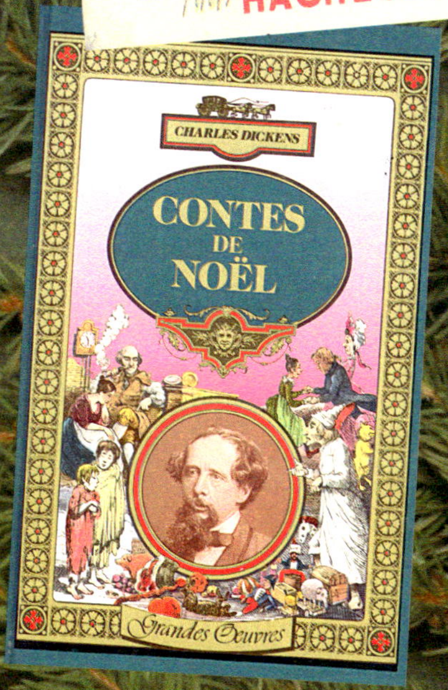

LES DÉCORATIONS SELON LES ÉPOQUES

Les premiers arbres de Noël arrivent en Amérique, plus précisément en Pennsylvanie, à la fin du XVIIIe siècle, avec les soldats allemands qui combattent aux côtés des Anglais, pendant la guerre d'Indépendance. Les émigrants d'outre-Rhin vont peu à peu introduire le sapin dans tout le pays. Il décorera pour la première fois la Maison Blanche en 1890. C'est également un Allemand, le général von Riedesel, qui, en 1781, fait connaître au Québec la tradition des sapins décorés. La coutume va se répandre rapidement dans les classes sociales les plus aisées. Si le Canada et les États-Unis s'inspirent initialement de l'Europe, ce sont eux qui vont, les premiers, illuminer électriquement un arbre. En 1882, à New York, Edward Johnson, le collaborateur de Thomas Edison, met au point une guirlande composée de 80 petites ampoules électriques. Le succès est immense, et les propriétaires des grands magasins en comprennent le potentiel commercial. Huit ans plus tard, une production de guirlandes lumineuses est lancée. Chaque municipalité d'outre-Atlantique rivalise pour obtenir, au centre de ses plus belles places, un sapin magnifiquement décoré et éclairé.

En France, combattus avec vigueur par les membres du clergé, les sapins de Noël ont du mal à s'implanter hors de l'Alsace. Lors de la guerre de 1870, les troupes d'occupation allemandes vont les faire découvrir à la population de l'Hexagone. Les soldats prussiens en dressent un dans la salle des pas perdus du palais de justice de Dijon, en 1870, ainsi que dans de nombreux autres lieux. La défaite française va provoquer l'exode de milliers d'Alsaciens vers la capitale et autres départements non occupés. Ils emmèneront avec eux leurs us, et populariseront l'arbre de Noël sur l'ensemble du territoire. Avant d'être introduit au sein même des foyers, son usage reste surtout collectif. On le retrouve dans les usines et les entreprises diverses, ainsi que dans certains grands magasins.

Point d'orgue

En suspension

Délicate attention

VOIR CARNET D'ADRESSES P 187

prima

Au XXe siècle, les classes bourgeoises prennent l'habitude de décorer somptueusement leur domicile. Le sapin devient de plus en plus majestueux, il doit toucher le plafond. On le décore de boules de verre, soufflées et peintes à la main – certaines sont de véritables petits chefs-d'œuvre –, de bougies qui s'accrochent à l'aide de pinces, et de petits globes de verre, créés pour éviter les incendies. Ces derniers se posent délicatement, laissant filtrer l'air pour ne pas étouffer la flamme. Un siècle plus tôt, les parents accrochaient aux branches bonbons et joujoux : les enfants devaient les secouer pour les mériter. Mais au fil des années, la fête de Noël ayant pris une

autre dimension, les jouets sont trop nombreux pour être suspendus. Aussi, pantins et autres petites figurines de bois restent seuls dans l'arbre et comptent, désormais, parmi les décorations.

Les présents plus conséquents sont, quant à eux, disposés au pied du sapin ou devant la cheminée. De jolis papiers d'emballage constituent un ornement supplémentaire. La lumière se reflète également dans les cheveux d'ange en fils doré et argent – ils sont les descendants des « lamettas », créés par les artisans lyonnais, et inspirés des galons des militaires. Malgré la magnificence du décor, un danger permanent plane : la résine risque à tout moment de s'enflammer et de transformer le beau sapin en brasier. Les mères veillent, dès qu'une mèche se penche, la flammèche doit être éteinte. Les pères les écrasent entre leur pouce et leur index, provoquant l'admiration de leurs enfants.

LE JOURNAL ILLUSTRÉ

A L'HIPPODROME : L'arbre de Noël de l'Association générale d'Alsace-Lorraine

LA CULTURE DU SAPIN : UN MARCHÉ À PART ENTIÈRE

Après la Seconde Guerre mondiale, toutes les couches sociales de la société française ont adopté le sapin. Des secteurs entiers de l'industrie lui sont consacrés : la culture, le transport et la vente des sapins de Noël permettent à certains départements de relancer leur économie. C'est le cas, entre autres, en Bourgogne, où la proximité de la capitale lui permet de la fournir en conifères pendant les fêtes, sans engager des frais de transport trop élevés. Dans des régions moins privilégiées, comme le Jura, les Ardennes ou le Morvan, la culture des résineux est une manne inespérée. Les arbres poussent même sur des terrains de moindre qualité, et en haute altitude, jusqu'à 2 000 mètres !

Si le terme « sapin de Noël » reste le plus employé, dans la grande majorité des cas, il ne s'agit néanmoins pas d'un sapin mais d'une autre variété de résineux, l'épicéa. Certes les deux espèces présentent de nombreux points communs – une forme conique, des aiguilles qui ne tombent pas l'hiver –, mais le fruit du sapin, lui aussi en forme de cône, se dresse, tandis que celui de l'épicéa, pend. L'épicéa commun trouve ses origines dans le Jura, il représente 70 % du marché ; son odeur agréable, ses branches fournies, l'ont rendu extrêmement populaire. Il est le symbole de Noël, mais aussi le cauchemar des ménagères… Dans des maisons ou des appartements chauffés, les aiguilles ne tiennent pas plus de deux semaines, et le meilleur des aspirateurs, même passé tous les jours, paraît à peine suffisant pour les éliminer. Au bout d'un certain temps, le sol est recouvert d'un véritable tapis odorant et craquant… De plus, il demande un entretien permanent, il faut, pour le maintenir un peu plus longtemps, l'arroser comme une plante, au risque d'abîmer plancher ou moquette. Moins courants et plus chers, des magasins proposent des épicéas de Serbie, aux reflets légèrement argentés ou les fameux sapins bleus des montagnes Rocheuses, qui apparaissent en France dès la fin du XIXe siècle. Les habitants des pays tropicaux choisissent, eux, de décorer des plantes qui ne ressemblent en rien aux conifères : un palmier recouvert de guirlandes possède lui aussi son charme. Mais c'est un arbre de la famille des sapins qui, depuis la fin des années 1990, est en passe de détrôner tous les autres. Découvert en Crimée, dans les montagnes du Caucase par un botaniste, Alexander von Nordmann, au début du XIXe siècle, ce sapin ne perd pas ses aiguilles – qui ne piquent d'ailleurs pas. Il possède un feuillage très fourni, mais présente trois inconvénients majeurs : un prix élevé, une croissance lente et aucune odeur, enlevant ainsi un des charmes de Noël.

Des dates de plus en plus fantaisistes

Traditionnellement, l'arbre est dressé le 24 décembre et se défait pour l'Épiphanie, le 6 janvier. Mais dès la fin novembre, les marchands en proposent, et de nombreuses personnes, qui vont fêter Noël dans leur famille ou dans leur maison de campagne, choisissent quand même d'en décorer un pour donner à leur domicile un air de fête avant leur départ. C'est pourquoi, on peut trouver sur les trottoirs avant le 24 décembre, des dépouilles abandonnées, aux branches encore vertes !

Plus étonnant : ces mêmes trottoirs recueillent de pauvres squelettes déplumés parfois jusqu'à Pâques, les nostalgiques ou les négligents n'ayant pu passer à l'acte avant !

Des millions d'arbres vendus

À partir des années 2000, 5 millions de sapins se vendent en France, dont 4 millions produits sur le territoire même, et 1 million importés. Mais les chiffres les plus impressionnants concernent le continent américain. Là, ce sont 40 millions d'arbres qui s'écoulent en un mois, dont 15 % proviennent du Canada, qui compte parmi les pays les plus productifs. Le plus grand exportateur se trouve en Europe, il s'agit du Danemark, qui envoie jusqu'à 10 millions de conifères dans le monde ! Ce pays cultive la plupart des sapins de Nordmann.

De l'arificiel à tout crin

Cet hygiénique ersatz connaît aux États-Unis un extraordinaire succès, au point de s'inviter dans 70 % des foyers. Cet engouement force les fabricants à faire des efforts sur la qualité de leurs sapins en plastique. Désormais, il est possible d'en trouver de toutes tailles, avec des branches très fournies, imitant même les différentes espèces. Depuis, les pays asiatiques se sont emparés du marché, et ce produit, considéré à l'époque comme luxueux, est maintenant bon marché. Il suffit de le remettre dans son sac à la fin des fêtes, et de le déballer en cinq minutes l'année suivante.

La commodité a tué le rituel : la recherche au grenier ou dans la cave des guirlandes, l'achat de l'arbre, l'après-midi de fête consacré à la décoration, et la merveilleuse odeur de la résine. Pour tenter, au moins, de pallier ce dernier manque, des diffuseurs de parfum, pompeusement baptisés « créateur d'ambiances », à la mandarine... se collent sur les troncs ! Il existe même de faux conifères recouverts de fausse neige poudreuse, collée sur de fausses aiguilles en plastique blanc !

UN CHOIX CORNÉLIEN : SAPIN EN POT OU SAPIN ARTIFICIEL

Durant les années 1970, l'ère de la modernité est à son apogée. Parallèlement au mouvement hippie, au retour à la nature tenté par certains, aux expériences de vie en communauté élaborées par d'autres, une grande partie de la bourgeoisie ne vénère plus qu'un seul dieu : le plastique. Dans les appartements, les meubles de famille sont abandonnés au profit d'installations modernes, pratiques, colorées, et surtout hygiéniques. Telle la maîtresse de maison dans le film *Mon Oncle* de Jacques Tati, la femme actuelle ne supporte plus la poussière. Elle travaille à l'extérieur et, une fois rentrée chez elle, doit d'une main, passer son aspirateur, et de l'autre, son plumeau. Au moment de Noël, elle se trouve confrontée à un problème terrible : son standing l'oblige à recevoir, et son magazine de décoration lui donne des conseils pour orner sa maison de façon majestueuse. Mais comment va-t-elle supporter les centaines d'aiguilles qui ne manqueront de joncher son sol ? Heureusement, des chercheurs avisés vont se pencher sur le problème et proposeront deux solutions, toutes deux fort fructueuses pour le commerce.

Cette nouvelle décennie se passionne pour l'écologique. Les actions des militants provoquent une des premières prises de conscience générale, et incitent chacun à faire un effort. L'arrachage des sapins et leur abandon sur le trottoir, une fois la fête passée, déclenchent de nombreux débats. Pour résoudre le problème, les arbres en pot paraissent une excellente solution. Toute la famille bichonne le petit conifère – la taille en est fortement réduite –, vaporise, sur ses branches, de l'eau tous les jours, et vérifie l'humidité de la terre dans laquelle il est planté. Une fois Noël passé, l'ensemble de la maisonnée ôte les décorations, mais sans tristesse. Il ne s'agit plus d'une mise à mort, mais d'un nouveau départ… Tout le monde transporte ensuite le sapin dans le jardin ou à la campagne pour le replanter. La joie est à son paroxysme ! Repiquer l'arbre semble un geste symbolique. Il deviendra, également, le plus beau souvenir de ce Noël. Les enfants imaginent déjà une forêt de sapins s'étendant devant eux, vivants témoignages des Noël de leur enfance. Hélas, la plupart du temps, l'arbre végète quelques semaines et fini par mourir. Arrachées à la va-vite, ses racines trop courtes le nourrissent difficilement et le choc thermique, ajouté au stress hydrique qu'il a subi, ont raison de sa résistance. La déception sera grande, et seuls quelques marchands se réjouissent.

Grâce à cette nouvelle conscience écologique, ils vendent leurs sapins en pot beaucoup plus cher que des arbres coupés !

Inventé dans la première partie du siècle, au moment où le plastique commence à être fabriqué de façon industrielle, l'arbre artificiel ne connaît pas de réel succès. Les consommateurs viennent de découvrir le vrai plaisir du sapin naturel, ils ne désirent pas s'en passer. La mode est lancée dans les années 1970, par certaines femmes souhaitant aseptiser leur environnement. Elles y voient, aussi, une démarche écologique : le sapin en plastique a l'avantage de servir plusieurs années de suite. Seul problème, et de taille : fabriqué à base de pétrole, une fois jeté, il n'est pas biodégradable et pollue beaucoup plus ! Les maîtresses de maison pressent leurs amis de venir admirer leur arbre artificiel, summum du modernisme et de la technologie. Les branches se replient, et parfois même les décorations sont intégrées. Il faut sûrement une bonne dose d'hypocrisie pour s'enthousiasmer devant ces sortes de plumeaux rachitiques, aux soi-disant épines vertes luisantes, qui soutiennent, avec peine, une guirlande lumineuse du dernier cri. De l'hypocrisie, peut-être pas finalement, car une fois partis, les invités n'auront qu'une idée en tête : se précipiter pour acheter le même, le lendemain. Suivre la mode mérite bien quelques entorses au bon goût.

D'inventives idées

Depuis le début des années 1990, d'autres matières ont tenté de remplacer le plastique des sapins. Faites en osier, en fer, ou en tissu rembourré, matériaux certes biodégradables, de nouvelles structures étranges n'offrent qu'une ressemblance lointaine avec un arbre véritable. Elles sont très prisées chez les fameux « BoBo », attentifs à l'écologie. Depuis 1993, sur une initiative de Marie Christiane Marek, « les Sapins de Noël des créateurs » sont vendus au profit de la Fondation d'Auteuil. Chaque année, des créateurs et designers internationaux imaginent leur arbre de Noël. Ces œuvres d'art originales, tel le sapin balle de ping-pong de Jean-Paul Gaultier, l'arbre rouge et noir de Valentino ou encore le sapin-oiseau de Nina Ricci sont ensuite proposées aux enchères. Dans le même esprit, l'opération « sac à sapin » se popularise depuis son invention, elle aussi, en 1993. Quant à la chaîne suédoise de magasins, Ikea, elle proposait à ses clients un sapin en pot gratuit contre un chèque de caution, chèque rendu une fois l'arbre ramené pour être planté. Depuis, le système a un peu varié : on achète l'arbre 18 euros ; quand on le ramène, il est échangé contre un bon d'achat de 17 euros, et l'euro restant est versé à l'Office national des forêts. Une opération commerciale fructueuse pour Ikea, et qui donne à la marque une image valorisante.

Le sapin devient...

cutter
plaque de carton
ouate
peinture
papier de couleur
boules de cotillon

Si tu n'as pas de grandes plaques de carton, découvre une astuce pour en fabriquer toi-même p. 90, dans les fiches Oxébo !

Cette année le père Noël aura sa cheminée, fabriquée exprès pour lui !

ET, HOP !

Utilise le patron

1 À l'aide du patron reporte les contours du sapin sur la plaque de carton. Découpe. Fais une fente de chaque côté.

Découpe

2 Trace les pieds de la cheminée. Découpe-les. Fais une fente (voir patron).

3 Sur chaque pied forme une languette et plie-la (fais une légère entaille pour faciliter la pliure). Coupe une plaque de 20 X 55 cm.

Autrefois, lorsque la cheminée était l'unique moyen de chauffage de la maison, on réservait la plus belle bûche pour la veillée de Noël. Ses cendres précieusement conservées devaient porter bonheur à toute la famille jusqu'au Noël suivant...

9

L'ARBRE DE NOËL D'ENTREPRISE

De nombreux enfants attendent avec impatience le jour de « l'arbre de Noël ». Sous cette appellation évocatrice se camoufle la fête organisée par les comités d'entreprise de certaines sociétés pour leurs salariés et leurs familles. Cette journée peut être fastueuse ou simplement bon enfant, suivant la taille de l'entreprise. « L'arbre de Noël » est en premier lieu une opération de séduction. De toutes les manifestations organisées par les comités d'entreprise, elle reste la plus populaire. Elle permet de justifier les budgets, l'efficacité des membres du C.E., mais surtout de donner à chacun une image gratifiante. Les photos, affichées ensuite dans la salle de réunion, rappellent ce bon souvenir. Parfois, des photographes professionnels couvrent l'événement et des contrats d'exclusivité sont passés avec des journaux. *Paris Match* n'hésita pas à mettre en couverture le plus célèbre des arbres de Noël, celui de l'Élysée. Opération de marketing à l'intention des Français… On pouvait admirer la première dame de France se pencher vers les enfants des employés de l'Élysée, pour leur remettre un paquet. Le président, un peu en retrait, sourit, ou, hommage suprême, pose, dans un geste paternaliste, sa main sur la tête d'un petit. Des chanteurs à la mode, aux idées politiques proches de celles du gouvernement en place, offrent ensuite un tour de chant.

Chaque « arbre de Noël » se déroule de façon différente suivant le budget du comité d'entreprise. Dans presque tous les cas, un cadeau est offert aux enfants. Des sociétés distribuent des bons d'achat et les parents choisissent. Dans d'autres cas, une liste est fournie, suivant l'âge, et il suffit de cocher le produit sélectionné. Ce cadeau est réservé aux plus jeunes, les adolescents en bénéficient rarement. Les présents sont offerts autour d'un goûter. Tous recevront également des bonbons, des chocolats, des papillotes, artistiquement disposés dans un panier ou une boîte. Un spectacle vient clore cette journée qui se veut inoubliable. Les grandes entreprises n'hésitent pas à louer un théâtre ou une salle et à faire venir des artistes. Mais l'incontournable attraction reste le cirque. Les comités d'entreprise des mairies de certaines villes ne se contentent pas d'emmener leur personnel municipal voir un spectacle destiné à tous. Ils font venir un cirque, qui leur est entièrement réservé. Chaque soir, les fonctionnaires et leurs enfants peuvent admirer de prestigieux artistes, sous le chapiteau des fameux « cirques de Noël ». Enfin, certaines sociétés préfèrent offrir directement un cadeau aux enfants ; les parents le récupèrent et le mettent le plus souvent, sous le sapin, le 24 au soir. Si aucune fête n'est organisée pour les familles, les membres de l'entreprise sont néanmoins invités à partager un repas, dans une ambiance conviviale.

La surprise du Père Noël
colis et découvre ce que le Père Noël t'a apporté !

Minuit chrétien

RADIO
CINEMA
TÉLÉVISION
NOËL ★ DIMANCHE 25 DÉCEMBRE 1955 ★ N° 310
48 PAGES • 35 Fr.

Joyeux Noël

Il est né le divin enfant

Dans les familles catholiques, toutes les festivités s'articulent autour de la messe de minuit. Dans l'après-midi du 24 décembre, les mères se hâtent de terminer les farces, bûches ou autres plats dont elles gardent jalousement le secret. Une délicieuse odeur de pâtisserie émane de la cuisine et chatouille agréablement le nez des membres de la famille. À partir de 18 heures, on prend une légère collation tel un bouillon, du jambon ou une salade pour pouvoir attendre le réveillon. Les petits sont ensuite couchés et les grands se reposent ou finissent leurs préparatifs.

Vers 22 heures, une immense agitation s'empare de la maisonnée. Les adultes s'habillent élégamment, les femmes se maquillent et sortent de leurs coffrets à bijoux leurs plus belles croix en or ou en argent, ainsi que les médailles de baptême de leurs enfants, celles qu'elles gardent précieusement, afin qu'elles ne soient ni perdues ni mordillées. Elles les passeront autour du cou de leur progéniture à la dernière minute, avec mille recommandations, et leur retireront aussitôt rentrés.

Une fois prêtes, les mères réveillent délicatement les plus jeunes, encore tout somnolents, qui se laissent habiller : collants chauds, chaussures neuves trop serrées, tricots de corps camouflés par une ravissante robe ou une chemise neuve, pulls, manteaux et enfin l'horrible passe-montagne « pour ne pas attraper froid aux oreilles et à la gorge » !

La famille peut prendre le chemin de l'église, pas trop tard pour avoir de bonnes places, pas trop tôt pour que tout le monde puisse admirer leur élégance. Chaque « clan » se resserre, les grands-parents au milieu, les nouveau-nés bien emmitouflés et portés fièrement à bout de bras, comme des trophées. On salue les autres, les garçons se poussent du coude et lancent des regards furtifs sur les formes naissantes des petites voisines. Des murmures parcourent les rues, les commérages circulent…

« – Bonjour, bonjour, vous allez bien ? Personne n'est malade chez vous ? Non ? Ah tiens donc, je croyais ! (Tu as vu, leur fille aînée n'est pas là, elle ne fait même plus l'effort de venir à la messe, quelle honte !)

– Comment allez-vous jeune homme ? (Il fait le fier, celui-ci, ce soir, mais il fréquente une fille de rien du tout, ses parents sont furieux.)

– Bonsoir monsieur, vous avez l'air en pleine forme ! (À mon avis, le grand-père ne passera pas l'hiver.) »

Enfin les bruissements de voix s'éteignent, on arrive sur le parvis de l'église. Les mendiants saluent chaque arrivant, ils attendront patiemment la fin de l'office pour recueillir une obole généreuse.

Deuxième Année. — N° 106. Huit pages : CINQ Centimes. Dimanche 25 décembre 1892.

LA GIRONDE ILLUSTRÉE

PARAISSANT TOUS LES DIMANCHES — Supplément LITTÉRAIRE de « LA GIRONDE » et de « LA PETITE GIRONDE » — LECTURES DE LA FAMILLE

Les manuscrits non insérés ne sont pas rendus.

PRIX DES ABONNEMENTS : GIRONDE & DÉPARTEMts LIMITR PHES : Un an… 3f 50 ; Six mois… 2 »
AUTRES DÉPARTEMENTS : 25 c. en plus par trimestre. UNION POSTALE : 75 c. en plus par trimestre.

DIRECTION : 8, Rue de Cheverus, BORDEAUX
Adresser tout ce qui concerne la rédaction à M. E. TOULOUZE
Les communications littéraires seront accueillies après examen.

PRIX DES ANNONCES : Annonces… (la ligne) 1f 50 ; Réclames… — 2 50
S'adresser à M. Ch. Lesfargues.

En Alsace. — A L'OFFICE, LE JOUR DE NOËL.

56e Année — N° 2753 HEBDOMADAIRE : 30 centimes (Etranger : port en sus) 29 Décembre 1929

Le Pèlerin

RÉDACTION & ADMINISTRATION — BONNE PRESSE, 5, RUE BAYARD PARIS-8e

L'Enfant Jésus de la crèche, tel qu'il est à Bethléem

Les portes franchies, la première immense et imposante, puis la seconde petite et discrète, on ressent comme un éblouissement. La transition paraît trop violente. Après la nuit froide et sombre, la lumière semble jaillir du ciel. Les lustres imposants la distillent sur les ouailles. Le son de l'orgue, les merveilleux chants de Noël, l'odeur enivrante de l'encens et des fleurs contribuent à créer cette atmosphère frémissante d'excitation et de joie. Potins et médisances disparaissent des esprits, la magie de Noël commence à agir.
Quand le prêtre arrive, vêtu de ses vêtements sacerdotaux ornés de violet, précédant une lente procession de diacres et d'enfants de chœur en blanc immaculé, l'assemblée retient son souffle, la grande messe peut enfin commencer. Pour les enfants, le temps s'écoule lentement, le froid les a réveillés, ils rêvent en secret aux mystérieux paquets qui les attendent au pied du sapin. Leur regard est attiré, en permanence, par une multitude de petites lumières, ce halo tremblotant éclabousse de doré les personnages de la crèche. Ils n'en distinguent que quelques détails : une tache bleue, sans doute la robe de Marie, un personnage barbu, peut-être Joseph ou un berger, des formes d'animaux. Au centre, une place vide : Jésus n'est pas encore né, il n'arrivera qu'à la fin de la cérémonie. Il s'agit de guetter en permanence pour découvrir le secret… Qui va déposer l'enfant entre ses parents ? Malheureusement, les adultes, vigilants, rappellent à l'ordre leurs enfants en les tirant par la manche, et les obligent à regarder vers l'autel.
Quand éclate, enfin, le chant final, celui qui fait monter les larmes aux yeux, « Il est né le divin enfant », tous les jeunes regards fixent intensément la crèche, et comme par miracle, il est arrivé, il est là, petit enfant souriant, dodu et rose sur son lit de paille. Les enfants s'agitent, peut-on enfin le voir ? Les parents indulgents donnent la permission, et c'est une ruée silencieuse, il faut arriver le premier tout devant pour admirer et commenter l'agencement des personnages…

« – Tiens, le bras de Joseph a été recollé, c'est vrai, les enfants de chœur ont fait tomber la boîte en fouillant dans les placards et il y a eu de la casse.
– Quelle bonne idée, ces silhouettes en papier représentant moutons et bergers ! Ils ont été dessinés et découpés par les enfants du catéchisme.
– Regarde maman, celui-ci, c'est le mien ! »
Mais les mères songent à leur repas qu'elles doivent faire réchauffer, elles pressent leur famille de regagner la maison. On serre la main du prêtre, on sourit à tous, on glisse quelques pièces au creux de la main du mendiant, et on prend le chemin du foyer, affrontant joyeusement la morsure du froid hivernal. Au loin, la lueur de la maison semble leur faire un clin d'œil dans la nuit noire.

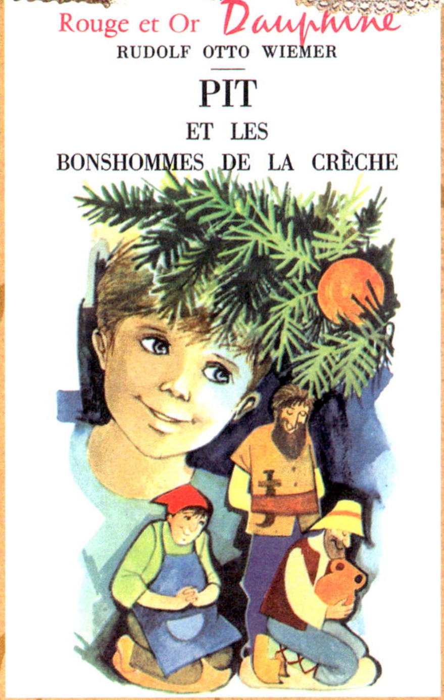

La messe de minuit

Noël est avant tout une fête chrétienne, on célèbre la naissance de l'Enfant Jésus, et ceci depuis la conversion de l'empereur Constantin au IVe siècle.

La papauté organise rapidement les festivités en trois actes. La messe de la nuit a lieu à Sainte-Marie-Majeure. Le Saint-Père prend ensuite la tête d'une procession qui le conduit à Sainte-Anastasie, où se déroule la messe de l'aurore. Enfin a lieu la messe la plus solennelle, au cours de la matinée, dans la basilique Saint-Pierre-de-Rome. Mais la messe de minuit devient rapidement la préférée de tous les fidèles. L'ange du Seigneur n'est-il pas apparu aux bergers en pleine nuit ?

La cérémonie est entrecoupée de chants de Noël, tous plus beaux les uns que les autres, et il y règne une ferveur particulière. Au cours de l'office, les paroissiens font des offrandes, puis chacun regagne son foyer dans la froideur de l'hiver pour festoyer.

Dans de nombreuses campagnes, les jeunes gens doivent attraper des oiseaux, en particulier des roitelets, qui sont alors lâchés dans l'église. Mais les coutumes varient suivant les régions.

Un des plus beaux témoignages de cette époque désormais révolue est la messe des Baux-de-Provence. Dans la petite église Saint-Vincent, bâtie au XIIe siècle, a lieu une cérémonie en tout point identique à celle qui se déroula au cours des siècles. Vêtus de costumes folkloriques, tous les habitants du village chantent des Noëls provençaux jusqu'à minuit.

Le prêtre s'avance ensuite pour déposer l'Enfant Jésus, unique personnage de cire au milieu d'une crèche vivante. S'ensuit une longue procession composée de bergers et bergères venant faire bénir les agneaux et s'agenouiller devant le nouveau-né pour lui baiser les pieds. De nombreux catholiques, à l'heure actuelle, ne se rendent qu'à la messe de minuit. Celle de l'aurore a disparu, et seuls les plus pratiquants retournent à l'office du 25 décembre.

JEUDI 22 DÉCEMBRE 1966
N° 51
HEBDOMADAIRE
26e ANNÉE
0,50 F
BELGIQUE 5 FB
SUISSE 0,50 FS

Fripounet
Marisette
A CŒURS VAILLANTS RIEN D'IMPOSSIBLE

CETTE NUIT-LA A BETHLEEM JESUS VENAIT CHEZ NOUS

« En ce jour-là, parut un Édit de César Auguste ordonnant le recensement de toute la terre...

Joseph s'en alla donc de Nazareth à Bethléem pour se faire inscrire avec Marie son épouse...

Or, pendant qu'ils étaient là, Marie mit au monde son fils premier-né, l'enveloppa de langes et le coucha dans une crèche parce qu'il n'y avait pas de place pour eux à l'hôtellerie. »

Évangile.
(Saint Luc II - 1-7.)

Aujourd'hui, Jésus est avec nous
C'est Chantamis partout !

Les Trois Messes basses

« C'est la messe de minuit qui commence. Dans la chapelle du château, une cathédrale en miniature, aux arceaux entrecroisés, aux boiseries de chêne, montant jusqu'à hauteur des murs, les tapisseries ont été tendues, tous les cierges allumés. Et que de monde ! Et que de toilettes ! Voici d'abord, assis dans les stalles sculptées qui entourent le chœur le sire de Trinquelage, en habit de taffetas saumon, et près de lui tous les nobles seigneurs invités. En face, sur des prie-Dieu garnis de velours, ont pris place la vieille marquise douairière dans sa robe de brocart couleur de feu et la jeune dame de Trinquelage. [...] Puis viennent les gras majordomes, les pages, les piqueurs, les intendants, dame Barbe, toutes ses clefs pendues sur le côté à un clavier d'argent fin. Au fond, sur les bancs, c'est le bas office, les servantes, les métayers avec leurs familles ; et enfin, là-bas, tout contre la porte qu'ils entrouvrent et referment discrètement, messieurs les marmitons qui viennent entre deux sauces prendre un petit air de messe et apporter une odeur de réveillon dans l'église toute en fête et tiède de tant de cierges allumés. Est-ce la vue de ces petites barrettes blanches qui donne des distractions à l'officiant ? Ne serait-ce pas plutôt la sonnette de Garrigou, cette enragée petite sonnette qui s'agite au fond de l'autel avec une précipitation infernale et semble dire tout le temps : – Dépêchons-nous, dépêchons-nous... Plus tôt nous aurons fini, plus tôt nous serons à table. Le fait est que chaque fois qu'elle tinte, cette sonnette du diable, le chapelain oublie sa messe et ne pense plus qu'au réveillon. »

Alphonse Daudet,
Les Lettres de mon moulin,
« Les Trois Messes basses »

La crèche

Les premiers chrétiens se rendaient déjà en pèlerinage jusqu'à la grotte où naquit le Christ, à Bethléem. Sainte Hélène, au IVe siècle, fit bâtir, en lieu et place, une somptueuse basilique, ce qui provoqua le courroux de saint Jérôme, qui soulignait le désir de Jésus d'être né pauvre parmi les pauvres.

Les artistes, sculpteurs et peintres s'inspirèrent rapidement de la scène de la Nativité et dans les églises, à partir du VIe siècle, les fidèles se recueillaient devant la représentation de la Vierge et de l'Enfant Jésus. Au XVe siècle, lors des mystères, les mises en scène autour de la naissance du Christ connaissent un grand succès. Mais la première crèche vivante serait l'œuvre de saint François d'Assise. Ce grand passionné d'animaux aurait composé, en 1223, un tableau avec des villageois entourés de l'âne et du bœuf, de moutons et de son cher chien. Quant aux pastorales, elles apparaissent au XVIe siècle en Italie. Ce sont de courtes pièces de théâtre jouées à l'extérieur des églises, presque des saynètes, mettant essentiellement l'accent sur le rôle des bergers, d'où leur nom – *pastor* signifie le pasteur, le berger. À la même époque, les mystères sont interdits, ils provoquent une liesse populaire considérée comme dangereuse.

À partir de cette interdiction, les prêtres commencent à dresser des représentations de la Nativité dans leurs églises, et cette habitude s'étend rapidement à l'ensemble des paroisses. Les plus célèbres restent les crèches napolitaines, véritables œuvres d'art richement ornées.

Il faudra attendre le XVIIIe siècle et la Révolution française pour que les crèches pénètrent dans les maisons particulières. Elles s'adressent aux familles fortunées car ce sont des objets précieux façonnés par des artistes.

Les deux plus célèbres pastorales sont toujours jouées dans le sud de la France, il s'agit de la pastorale d'Antoine Maurel, un miroitier Marseillais qui la créa en 1844, et de la pastorale des santons de Provence, écrite en 1957 par Yvan Audouard.

La crèche provençale

Lagnel, un Marseillais, sculptait dans l'argile toute une série de petits personnages, et il créa ainsi le santoun (petit saint), connu bientôt dans le monde entier sous le nom de santon de Provence. Les santons de Provence apportèrent la prospérité à un grand nombre de familles des régions d'Aubagne et de Marseille, riches en carrières d'argile. Les petites figurines peintes soigneusement représentent Jésus, entouré de Marie et Joseph et réchauffé par l'âne et le bœuf. Mais ce sont les autres personnages qui font l'originalité de cette crèche : il s'agit de Provençaux, vêtus de leurs plus beaux atours, qui entourent le nouveau-né. Tous les corps de métiers sont représentés : les bergers et leurs grandes capes, le ravi levant les bras vers les cieux, le meunier et son sac de farine, l'Arlésienne, le pêcheur, une femme sur son âne, un couple de vieux, le bohémien et son ours, le joueur de flûte, le tambourinaire, le rémouleur… Depuis le succès du film Don Camillo, il existe même une représentation de Fernandel en habit de prêtre et de Gino Cervi en maire. Car les santons de Provence se fabriquent toujours avec les mêmes méthodes que celles du XVIIIe siècle, et la tradition veut qu'à chaque Noël, les enfants choisissent un nouveau personnage pour agrandir la crèche.

LA DÉCORATION DE LA MAISON

UN CHEF-D'ŒUVRE KITCHISSIME

Le sapin se doit d'être orné de manière richissime. Le rouge et le doré s'imposent comme les couleurs traditionnelles de Noël. Sur les aiguilles vertes, les décorations rouges brillent de mille feux, tels des rubis, et l'or évoque la somptuosité. Pendant des siècles, seule l'aristocratie avait accès au métal précieux. Le peuple se contentait du gris, couleur de la misère. Dans les contes, l'or symbolise la beauté de l'âme, la récompense suprême : « Ils furent couverts d'or, se marièrent et eurent beaucoup d'enfants » ! Dans les églises, les tableaux et les vitraux paraissent éclaboussés de lumière. La lumière, cette merveilleuse éclaircie au milieu de Noël, qui touche les hommes pour leur redonner l'espoir de jours meilleurs.

On trouve également la couleur blanche, emblème de la pureté et de la virginité. Recouvertes d'une couche de neige, les maisons voient leurs façades embellies par les flocons ; la nature, elle aussi, se prépare pour la fête ! À l'intérieur de la maison, de minuscules morceaux de coton se sont posés délicatement un peu partout. Encore plus réalistes, quelques pressions d'une bombe aérosol vaporisent un jet de neige éternelle qui se colle à l'arbre.

Les guirlandes sont disposées tels des colliers majestueux qui subliment la beauté du sapin. Le summum de l'art consiste à donner l'impression qu'elles ont été jetées négligemment, elles retombent alors mollement et s'accrochent, au passage, à quelques branches aériennes. Ces guirlandes ont, elles aussi, leur légende… Une maîtresse de maison nettoyait un jour toute sa demeure pour Noël. Apercevant des toiles d'araignées qui pendaient du plafond, elle les détruisit et chassa les insectes à grands coups de balai. Une fois le ménage achevé, son époux installa un grand sapin dans la pièce. La nuit venue, les araignées rentrèrent à nouveau dans le salon et découvrirent, émerveillées, l'arbre. Elles le recouvrirent de leur toile et s'y installèrent. Quelques heures plus tard, le Père Noël descendit par la cheminée et s'émut de voir les petites bêtes si heureuses, mais il songea, soucieux, au désarroi de la ménagère le lendemain matin. Il transforma alors la toile en fils d'or et d'argent, et inventa, ainsi, les premières guirlandes.

Les boules de Noël

La boule de verre accroche et reflète la lumière harmonieusement. L'emballer et la déballer demande de la dextérité ; lui faire franchir cette épreuve plusieurs années de suite, une habileté à toute épreuve ; la conserver pendant plusieurs décennies, une chance incroyable ! Les plus grands maîtres verriers la façonnèrent avec amour et, au XIXe siècle, les boules de Lorraine et de Bohême enchantent les privilégiés qui peuvent se les offrir. Puis ce sont les artisans allemands et ceux de l'Europe de l'Est qui se distinguent dans l'art du verre soufflé et dans la fabrication de petites figurines filées et moulées. Mais acquérir ces merveilles reste un luxe, et peu de monde en profite. La production est peu à peu industrialisée, et l'usine allemande Vergo, installée à Goetzenbruck, commence à en fournir en grande quantité dès le début du XXe siècle. Des concurrents l'imitent bientôt partout en Europe. Après la Seconde Guerre mondiale, les techniques s'améliorent et la production est automatisée. Des fabricants asiatiques se lancent dans la production d'articles de Noël. Des usines entières fabriquent, à la chaîne, des objets et des boules. Les décorations en plastique, récemment apparues sur le marché, arrivent par containers entiers à un coût dérisoire. Les sujets en bois, et surtout ceux en verre, sont à leur tour fabriqués de manière massive. S'il ne s'agit plus de l'œuvre d'artistes, leur façonnage demeure néanmoins soigné et les rend aussi attrayants. Leur prix attractif permet, à tous, de les acheter, provoquant la ruine de milliers d'artisans et de petites fabriques européennes. Paradoxe s'il en est, pour un grand nombre d'Asiatiques, la fête de Noël ne représente rien ! Certains n'en ont même jamais entendu parler…

Le gui et le houx

Au cœur de l'hiver, les branches des arbres dépouillées se dressent, tristes et menaçantes. Les conifères, le gui et le houx offrent les seules touches de couleur et d'espoir. Depuis l'Antiquité, on retrouve le gui dans toutes les fêtes païennes. Il pousse en parasite sur les chênes, arbres sacrés, et sa couleur verte luisante, agrémentée de petites boules rouges, impressionne déjà les Anciens. Chez les Celtes, les druides lui donnent des vertus thérapeutiques, ils s'en servent pour leurs potions et le dressent en couronne, dont ils se scindent le front. Il apparaît, également, dans les légendes de la mythologie germanique. La coutume, venue d'Angleterre, veut que l'on suspende une boule de gui dans son entrée. Les jeunes gens entraînent leurs promises dessous, et les embrassent en gage d'amour. Le houx est, lui aussi, utilisé dans l'Antiquité, pendant les mariages et les Saturnales. Au Moyen Âge, il est censé chasser les sorcières. Voulant rompre avec les fêtes païennes, les responsables catholiques décident d'interdire la décoration des églises avec du houx ou du gui ; elles tentent, en vain, de faire oublier ces coutumes… mais plusieurs siècles plus tard, le gui et le houx sont toujours là !

LES COURONNES ET LES CALENDRIERS DE L'AVENT

Avant Noël, les chrétiens se préparent à la naissance du Christ. Pendant quatre semaines se déroule l'Avent, un temps de prières et de pénitences décrété, au Moyen Âge, par le pape Grégoire Ier. Suivant les conseils de Jean le Baptiste, les croyants ne doivent pas voler ni se battre, ils doivent partager leurs biens et jeûner comme pendant le Carême. Il reste de ces obligations celles de prier et de donner aux plus défavorisés. La première semaine, il est conseillé de se confesser pour pouvoir communier le jour de Noël, et d'assister, chaque jour, à la messe et aux temps de prières. Le mot Avent (en latin *adventus*) signifie l'avènement du Christ. Les Évangiles évoquent deux fois ce moment : une première fois, le jour de Noël, c'est-à-dire le jour de la naissance temporelle du Christ. La seconde fois fait référence à son retour sur terre, lors de la fin du monde, quand il reviendra juger les hommes. Les Scandinaves et les Allemands du Nord furent les premiers à tresser des couronnes de paille décorées de branches et assorties de houx, qui représentaient la couronne d'épines portée par le Christ. Elles s'accrochaient au plafond, comme un lustre, ou étaient disposées sur un meuble. Quatre bougies, tels les quatre points cardinaux et les quatre saisons, étaient plantées dessus. Elles étaient allumées, successivement, les quatre dimanches avant Noël. On retrouve ces mêmes couronnes en Angleterre, mais joliment décorées de branches, de boules, de rubans ou de fleurs séchées, dans chaque foyer. Symboles de la roue solaire qui tourne dans le ciel et s'arrête pour se reposer pendant douze jours, elles s'accrochent à l'extérieur de la porte de la maison, et sont disposées à la vue de tous en signe de bienvenue. Autre tradition à connaître un immense succès auprès des enfants : le calendrier de l'Avent. Pour les faire patienter jusqu'à Noël, on distribuait aux enfants des images pieuses. À la fin du XIXe siècle, de nouveau en Allemagne, est inventé un calendrier muni de vingt-quatre petites fenêtres que l'on ouvre, les unes après les autres, jusqu'à la veille de la Nativité. Les plus jeunes découvrent ainsi, chaque jour, une image différente. Cette charmante habitude s'étend à toute l'Europe, et les calendriers deviennent d'authentiques petites œuvres d'art, dont le style évolue suivant les époques : chromos, paillettes, système dépliable en trois dimensions, petite musique intégrée… Dessus, figurent la crèche, des anges, des enfants devant un sapin, des pères Noël joviaux… Derrière les fenêtres, les dessins étonnent ou ravissent les enfants. Les calendriers vont se sophistiquer : de petites cases permettent de cacher des chocolats ou des gadgets minuscules en plastique. Les grandes marques se lancent également sur le marché, comme Playmobil, qui camoufle ses célèbres personnages, ou Mattel, des accessoires de Barbie.

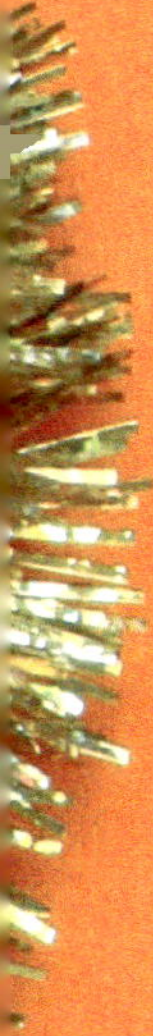

Les pampilles du sapin

colle
raphia
ciseaux
fil doré
papiers de couleur
papier gaufré (emballage de biscuits)

Décore ton sapin de pimpantes pampilles, composées de mini-paquets.

1 Découpe des carrés et des bandes de papier de couleur. Découpe les papiers gaufrés en carrés ou en rectangles.

2 Empaquette le papier gaufré. Entoure-le d'une ou de deux bandes de papier de couleurs différentes. Colle les extrémités des bandes.

3 Noue un brin de raphia ou de fil doré autour de chaque paquet. Laisse pendre les brins de fil après le nœud.

4 Enfile les paquets le long d'une aiguillée de raphia. Laisse pendre du fil pour accrocher les pampilles au sapin.

Pas de Noël sans sapin, pas de sapin sans ses décorations rouges, vertes, blanches et or. Chacune de ces couleurs symbolise Noël : le rouge représente le feu, le vert la richesse de la nature, l'or le soleil et le blanc la neige.

12 13

Fiches bricolage

La plus belle des décorations de Noël est celle qui a été fabriquée, avec amour, par les petites mains des enfants. Pendant longtemps, à l'école, dans les classes primaires, le mois de décembre était consacré aux bricolages : des mètres de guirlandes en papier doré, des pères Noël en polystyrène, des sapins et des étoiles découpés… toute une myriade de merveilles était réalisée. Même maladroitement exécutées, ces guirlandes étaient confectionnées avec tant d'amour, que les parents les dressaient à la place d'honneur. Ces dernières années, une partie des communautés religieuses présentes en France se sont radicalisées. Elles dénoncent ces préparatifs et reviennent sur la connotation catholique de Noël. Dans l'absolu, l'école publique, laïque et républicaine ne devrait pas inclure de telles activités. Dans certains cas, le sapin, devenu pourtant une coutume, est remis en cause, et quelques municipalités, préférant éviter toute polémique, demandent aux enseignants de changer leurs activités de fin d'année. Principales victimes de ces mesures, les enfants perdent le plaisir de s'investir dans la préparation de la fête. De nombreux parents pallient ce manque en prenant le temps, quelques jours avant Noël, de bricoler avec leur progéniture. Les journaux proposent des fiches bricolage, les sites sur Internet se multiplient et de nombreux magasins développent des rayons de fournitures attrayantes pour ce type d'activités. On peut ainsi trouver aisément des gels colorés, des paillettes et des supports en diverses matières.

La décoration de la cheminée et des fenêtres

Autre symbole de Noël après le sapin, la cheminée joue un rôle important dans le déroulement de la fête. Le Père Noël se glisse dans son conduit pour pénétrer dans la maison. Afin de ne pas perdre de temps, tout doit être prêt pour le recevoir. Les chaussures sont disposées devant, bien rangées, les unes à côté des autres, ou les bas de Noël accrochés à son tablier. Simples chaussettes à l'origine, elles s'ornent maintenant de riches décorations rouges et vertes, et sont parfois agrémentées de motifs et de fils d'or. Pour accueillir cet hôte exceptionnel, la cheminée se doit d'être décorée magnifiquement… Des bougies colorées sont posées dessus, soigneusement éloignées du bord pour ne pas enflammer les épaisses branches de sapin entourant le foyer. Les plus prudents leur préfèrent des guirlandes. Certaines maîtresses de maison réalisent des merveilles, en la drapant de tissu, retenu artistiquement par de splendides rubans. Quant à ceux qui n'en possèdent pas, ils peuvent en réaliser une en carton peint !

COMME DES MILLIERS DE PETITES ÉTOILES DANS LA NUIT

Avec la domination asiatique du marché des articles de Noël, l'ère du gadget connaît son apogée. Désormais, tout est accessible, partout, et à des tarifs défiant toute concurrence. Les magasins à prix unique remplissent leurs bacs de boules, guirlandes et autres accessoires. Les chaînes de produits « discount », soldeurs et autres « liquidateurs » de sociétés en faillite envahissent les boîtes aux lettres de publicités alléchantes. Ils proposent des objets de toutes sortes sur le thème de Noël : des décorations classiques, mais aussi des nappes, serviettes, stores et même des abattants pour les toilettes ! Les personnes résidant à la campagne ne sont pas épargnées : les organismes de vente par correspondance envoient des catalogues spéciaux pour les fêtes. La tenue de Père Noël, jusqu'ici confectionnée artisanalement, se trouve maintenant partout, taillée dans un tissu de qualité médiocre. Petits et grands portent sur la tête des bonnets rouges qu'un circuit électrique miniature fait clignoter. Chef-d'œuvre de la miniaturisation certes, mais chef-d'œuvre éphémère, car le système s'arrête au bout de quelques heures, définitivement. Remplacer la pile coûterait jusqu'à dix fois le prix du gadget. Qu'importe ! Une fois la fête passée, l'accessoire est souvent jeté et racheté l'année suivante… Il n'est pas le seul à subir ce sort, avec la profusion de décorations, une nouvelle mode s'est instaurée. Jusque-là, chaque boule, chaque figurine possédait sa propre histoire, et les déballer ravivait les souvenirs. Au fil des ans, la famille augmentait ses trésors et enrichissait son arbre. Aujourd'hui, beaucoup suivent les conseils de leurs magazines de décoration, qui proposent des thèmes précis à suivre. Le *nec plus ultra* est de choisir une couleur unique : après l'année dorée, vient l'année bleue, puis l'année rouge… On se précipite pour acheter des accessoires aux teintes assorties, refusant tous les autres coloris. On a même inventé le thème « nostalgie » : tout est décoré d'objets modernes fabriqués comme des anciens !

L'engouement pour les guirlandes électriques ne cesse d'augmenter. Inventées aux États-Unis, en 1880, ces dernières débarquent dans les magasins européens au début du XXe siècle. Elles apparaissent dans les foyers des familles françaises, aisées, au cours des années 1950. Si elles représentent un véritable luxe, de nombreux parents économisent néanmoins pour

s'en offrir au moins une, car, grâce à elles, les dangers d'incendie sont définitivement écartés. Leurs détracteurs affirment pourtant qu'elles sont encore plus périlleuses, les accusant de provoquer des courts-circuits et des surchauffes. Il s'agit peut-être de médisances de marchands de bougies ! Les guirlandes électriques se popularisent rapidement, et les pères les entretiennent avec soin. Une fois déballées, elles sont testées ; quand une des ampoules grille, c'est la catastrophe, plus rien ne fonctionne. Il faut essayer chaque lampe avec une ampoule de rechange, l'une après l'autre et trouver la défectueuse pour la changer. Les premières guirlandes électriques bon marché arrivent, elles aussi, d'Asie. La maison resplendit de mille feux. Elles s'accrochent partout : sur le sapin, la crèche, la cheminée. Des rideaux lumineux se suspendent aux fenêtres. Aux États-Unis, où le kitch règne en maître au moment de Noël, les façades se parent, à leur tour, de guirlandes scintillantes. Des revêtements en plastique spéciaux permettent au système électrique de supporter les intempéries extérieures. Les bosquets, les arbres, les allées s'éclairent et clignotent dans la nuit. La mode atteint la France, quelques années après, mais s'implante rapidement… Les habitants de l'Hexagone commencent à adorer ces gadgets : têtes de Père Noël géantes, sapins ou étoiles stylisés, balustrades aux lumières intermittentes. Pour compléter le tout, un Père Noël grandeur nature et en tissu rembourré, escalade la façade des maisons ou des immeubles à l'aide d'une échelle. Authentiques symboles du mauvais goût ? Peut-être, mais ces objets véhiculent tous le même désir : celui de s'amuser et de transformer sa demeure en un lieu accueillant où il fait bon se retrouver pour fêter ensemble Noël.

La saison fulgurante des jouets

« La vie des étalages, des scènes animées, des vitrines à surprises mouvantes commence aux premières heures matinales pour s'achever tard dans la nuit. C'est un mouvement continu de machineries minuscules, d'autos et de chemins de fer de Lilliput, une gesticulation de clowns et d'acrobates, une présentation d'animaux savants ou sauvages ou simplement familiers, une ingéniosité et une multiplicité d'expressions de la vie des hommes adaptées à la vie des petits. Et ceci comme cela paraît changer l'âme de la ville, dissipe les obsessions de nos esprits encombrés et nous ramène aux heures fraîches de l'enfance. Noël ! Noël ! Vivent les jeux et les jouets ! Soyons enfant pour vivre la joie des enfants ! »

Albéric Cabuet,
« La Saison fulgurante des jouets »,
L'Illustration, 21 décembre 1929

AU BON MARCHÉ - PARIS — Le théâtre d'enfants pendant l

LES GRANDS MAGASINS

L'apparition des grands magasins sous le Second Empire va profondément transformer le mode de consommation des Français. Ce sera Le Bon Marché, créé en 1838 par les frères Videau et lancé en 1852 par Aristide Boucicaut. En 1855, Alfred Chauchard ouvre Les Grands Magasins du Louvre, et Xavier Ruel, Le Bazar de l'Hôtel de Ville, l'année suivante. Le Printemps voit le jour, grâce à Jules Jaluzot, en 1865. La Samaritaine apparaît, en 1869, sous l'impulsion de Ernest Cognacq et Marie-Louise Jaÿ. Théophile Bader et Alphonse Kahn fondent, quant à eux, en 1893, Les Galeries Lafayette. En 1883, Émile Zola, dans son ouvrage *Au bonheur des Dames* – onzième opus des Rougon-Macquart –, dénonce cette sorte de « cathédrale de commerce pour un peuple de gens ». Mais contrairement à ses autres récits, celui-ci se termine bien, comme si, au fond de lui, Zola pressentait l'avenir de ces enseignes. Ils ruinèrent certes, à l'époque, bon nombre de petites échoppes, mais ils devinrent peu à peu en France de véritables institutions. Il existe à l'heure actuelle des agences de voyages, en particulier au Japon, qui organisent des visites à Paris sur le thème des grands magasins. Des autocars déposent à longueur de journée des touristes, de toutes nationalités, devant l'entrée des Galeries Lafayette ou du Printemps. Le moment que privilégient les touristes demeure néanmoins celui des fêtes de Noël.
La ville s'illumine de mille feux et les vitrines rivalisent en ingéniosité et en beauté. De petites estrades sont construites devant chacune d'entre elles, c'est un défilé ininterrompu du matin au soir, et même parfois, pendant la nuit. L'ambiance reste bon enfant et malgré la foule, la bousculade, tout le monde sourit et on s'écarte, sans protester, pour laisser passer les tout-petits, aux yeux écarquillés d'émerveillement.
Le spectacle fantastique des vitrines n'attire pas les seuls touristes étrangers. Des Français viennent de toutes les provinces, pour admirer ces tableaux animés, et les Parisiens attendent, avec impatience, la date de leur installation pour s'y précipiter en famille. À la fin du mois de novembre, ils sont déjà nombreux à se coller devant les vitres recouvertes de peinture blanche ou de papier kraft et, perdant toute inhibition, osent s'agenouiller pour découvrir, avant les autres, le thème de l'année. Ils aperçoivent, un bref instant, le pied d'un étalagiste, la main d'un architecte, quelques outils, mais rien d'autre ! Le secret sera bien gardé jusqu'à la dernière seconde…

…ion de Jouets

PARIS, VILLE LUMIÈRE

« Dans le halo du brouillard de décembre ou de janvier, d'immenses arabesques lumineuses détachent en valeur sombre la masse imposante de l'opéra. En lettres de feu paraphées de volutes colorées, hautes de la hauteur de trois étages parisiens, voici l'annonce des grandes expositions de saison des Galeries Lafayette.
C'est de la publicité américaine tempérée par la mesure française et le goût parisien. » P. Spitzmuller

Lors du conflit de 1914-1918, les Français se soumettent volontiers à l'effort de guerre et à son inévitable cortège de restrictions. C'est pourtant à cette époque qu'apparaissent les premières vitrines, décorées artistiquement grâce à des mannequins grandeur nature. Le Printemps se distingue immédiatement en refusant les modèles de série, et fait fabriquer ses propres moules. Le magasin avait déjà célébré le « Noël lorrain » en guise de pied-de-nez à l'ennemi, l'occasion d'une première célébration, à des fins commerciales, des fêtes de Noël.
Ses concurrents ne tardent pas, eux aussi, à exposer dans leurs devantures poupées et joujoux. Les Parisiens commencent à se rendre régulièrement dans le quartier du boulevard Haussmann pour admirer les nouveautés et s'imprègnent d'une effervescence jusqu'ici inconnue : la fièvre de Noël ! En 1925, un ingénieur électricien, véritable magicien, va transformer vitrines et façades, et métamorphoser Paris en ville lumière. Il s'agit de Fernand Jacopozzi. Jacopozzi naît à Florence en 1877, mais il choisit la France comme pays d'adoption. Fervent patriote, il crée en 1918 des leurres lumineux, telle une fausse gare de l'Est pour tromper les attaques aériennes de l'ennemi. Il a même l'idée d'établir un faux Paris, en pleine campagne, et d'attirer vers ce mirage de lumière les avions allemands. La fin du conflit ne lui permettra pas d'expérimenter son invention, mais il ne cesse pas ses recherches, fasciné par la fée électricité. Il contacte alors André Citroën et lui propose la plus vaste opération publicitaire jamais exécutée : faire apparaître son nom en immenses lettres lumineuses sur la tour Eiffel. Sceptique, l'industriel refuse, puis finit par accepter. En 1925, l'immense carcasse de fer se pare de lumières mouvantes aux figures géométriques changeantes. Soudain, le nom d'André Citroën jaillit en gigantesques caractères avant de disparaître, tandis que la tour se remet à scintiller. Les grands magasins comprennent immédiatement le potentiel commercial de telles illuminations. La ville de New York subit déjà une métamorphose au moment des fêtes grâce aux guirlandes et aux décorations lumineuses. Suivant l'exemple américain, les directions des Galeries Lafayette, du Printemps, du BHV et des autres enseignes font tout naturellement appel à Fernand Jacopozzi pour illuminer leurs façades.

La féerie nocture des terrasses lumineuses des GALERIES LAFAYETTE (Photo Borremans

PARIS, VILLE-LUMIÈRE !!... Dans le halo du brouillard de décembre ou de janvier, d'immenses arabesques lumineuses détachent en valeur sombre la masse imposante de l'Opéra. En lettres de feu, paraphées de volutes colorées, hautes de la hauteur de trois étages parisiens, voici l'annonce des grandes Expositions de saison des Galeries Lafayette. C'est de la publicité américaine tempérée par la mesure française et le goût parisien.

PHOTO SPITZMULLER.

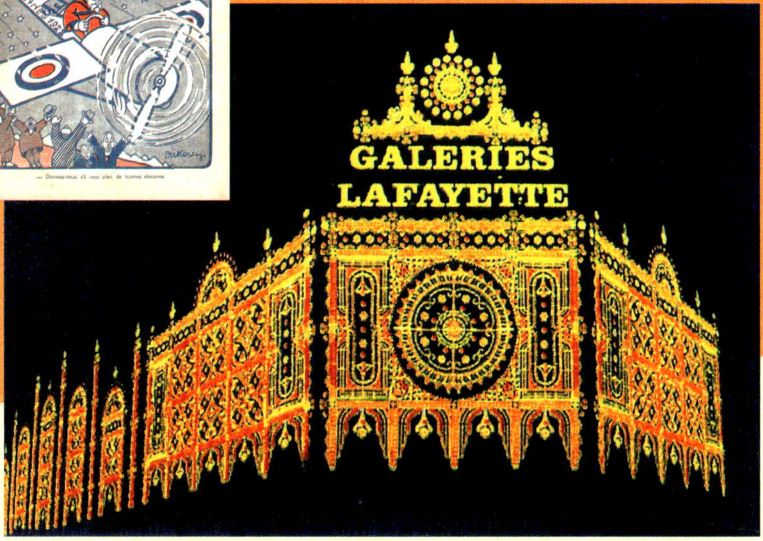

Magie moderne

« Les panneaux animés lumineux de nos grands magasins installés à leurs façades, à l'époque des étrennes, sont devenues une jolie tradition de Paris. Pour le Louvre, à la Noël de 1925, M. Jacopozzi avait créé une fraîche et brillante farandole de pierrots, de pierrettes, d'arlequins et de colombines, se balançant au-dessus de la ville enténébrée. L'année suivante, il avait imaginé une bataille de boules de neige. Les boules, en s'amoncelant, formaient un bonhomme de neige que, bientôt, le soleil taquin venait fondre. Cette année, il a conçu une fête vénitienne devant un panorama nocturne de Paris. De Notre-Dame à la Concorde, des bateaux lumineux cheminent lentement sur le fleuve des eaux mouvantes. En même temps, d'immenses pièces d'artifice, des fusées, des bouquets, d'énormes soleils, éclatent sur le ciel. Aux effets de lumière s'associent le sifflement des fusées montantes, le grondement des explosions des pièces, les fumées mêmes que dégagent les éclatements. Quels prodiges d'imagination, de science et d'intuition mécanique ne faut-il pas à d'aussi extraordinaires réalisations. »

A. F., « Magie moderne », *L'Illustration*, 10 décembre 1927

LES VITRINES, REFLETS DE LA SOCIÉTÉ

En 1926, Théophile Bader charge Ferdinand Chanut de composer pour Les Galeries Lafayette des scènes animées à l'intérieur de ses vitrines, dans le but « de créer une véritable animation, établir une relation directe entre le trottoir et le magasin, susciter l'émerveillement avec de véritables tableaux ». Le Bon Marché en a eu l'idée le premier, en 1909, en présentant une reconstitution du pôle Nord en miniature, avec des esquimaux, des ours et des icebergs – des automates de la maison Decamps. Il faudra des années pour qu'il soit concurrencé… Grâce à l'électricité, les décorations prennent vie, véritables petits chefs-d'œuvre de technologie moderne. Les poupées marchent, les voitures roulent, la neige tombe, tourbillonne, puis s'arrête.

André Citroën se retrouve, une nouvelle fois, à la pointe de l'innovation. Ses voitures miniaturisées, des cabriolets B14, sont mises à l'honneur au Printemps. Elles circulent entre quatre édifices de Deauville, l'établissement des bains de mer, le casino, la succursale du Printemps – première à avoir vu le jour en province –, et le magasin d'exposition Citroën. Au premier étage, les enfants peuvent essayer ces bolides, ainsi que des voitures à pédales Torpédo, des patinettes, des tricycles. Un petit « parc des sports » a été installé à cet effet. Les animations se succèdent. En 1921, les Galeries Lafayette organisent sur leur terrasse un immense lâché de ballons, plus de 5 000 enfants répondent à l'invitation. Mais ce sont avant tout les vitrines qui les attirent, émerveillés autant que leurs parents par les jouets modernes et les prouesses techniques. Bien avant les diktats de la télévision, les modes sont lancées par les grands magasins. Il suffit qu'un certain type de poupée Gégé soit exposé pour que toutes les fillettes la réclament au Père Noël. Combien d'entre elles vont rêver devant la parfaite réplique de Shirley Temple ? Chaque marque se doit d'avoir au moins une de ses nouveautés dans une vitrine. Dès le mois de janvier, des équipes entières commencent à travailler sur les nouveaux projets de vitrines. Il faut se mettre en contact avec les fabricants de jouets pendant que des bureaux d'études dessinent les futurs tableaux, avant de confier leurs réalisations à des ateliers spécialisés, le tout dans le plus grand secret… La concurrence doit ignorer, jusqu'à la dernière minute, le thème de l'année. Les jouets varient au fur et à mesure des époques, ils se modernisent, mais l'esprit général ne varie jamais. Il s'agit avant tout d'émerveiller petits et grands, tout en flirtant avec la mode. À partir de l'apparition de la télévision, les héros préférés des enfants deviennent les

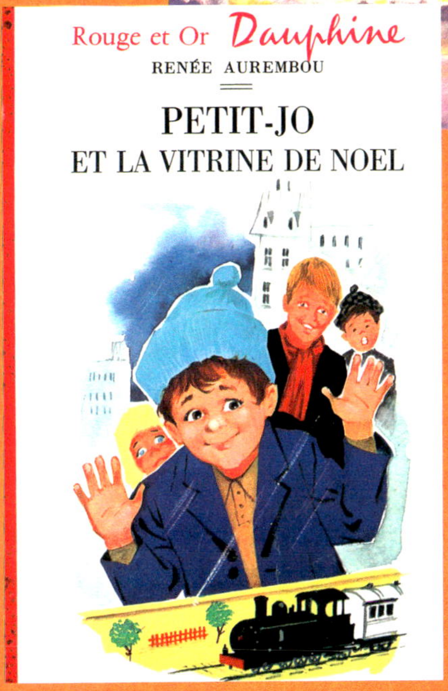

personnages centraux des vitrines. Depuis plusieurs années, certaines grandes enseignes confient à des couturiers célèbres le soin de composer des tableaux animés. Sonia Rykiel, en 2003, met son talent au service du Printemps. L'année suivante, c'est au tour de Christian Lacroix. Quant aux Galeries Lafayette, elles laissent Jean-Charles de Castelbajac raconter l'histoire d'une princesse moderne, la poupée Blondie, qu'il a créée et qui devient l'héroïne de plusieurs scènes en 2005. Chaque année, désormais, tous les magasins adoptent une mascotte au moment des fêtes de fin d'année, qu'ils vendent parfois au profit d'une association. Les budgets consacrés représentent près de 20 % des budgets marketings annuels. Mais même si le but est simplement commercial, qu'importe ? Les vitrines apportent, chaque année, un peu de bonheur aux petits et grands : tel le *Casse-Noisette* de Tchaïkovski, les jouets s'animent et deviennent vivants pendant quelques jours, car à Noël, tout est possible…

Tant que brillera le jour

« Le maître de céans découpa rapidement la volaille, et tout le monde se jeta dessus. Réduites à l'état de carcasses, les deux dindes – la rôtie et la bouillie – ne tardèrent pas à être enlevées au milieu d'un silence étouffé. Graves, le majordome, apparut alors dans toute sa gloire, portant bien haut le plum-pudding – un gigantesque pudding, environné de flammes.
Un brouhaha indescriptible salua son entrée.– Vite ! Oh ! Voilà ma part qui arrive. Grouillez-vous, Graves, parce que, si ça ne flambe plus, mon vœu ne sera pas exaucé. [...] Devant chaque convive était placé un rince-doigts destiné à recevoir la pièce de six pence, le bouton de col, le dé à coudre, le cochon précité, et autres babioles dénichées dans le diplomate. »

Agatha Christie, Tant que brillera le jour

LA TABLE DE NOËL

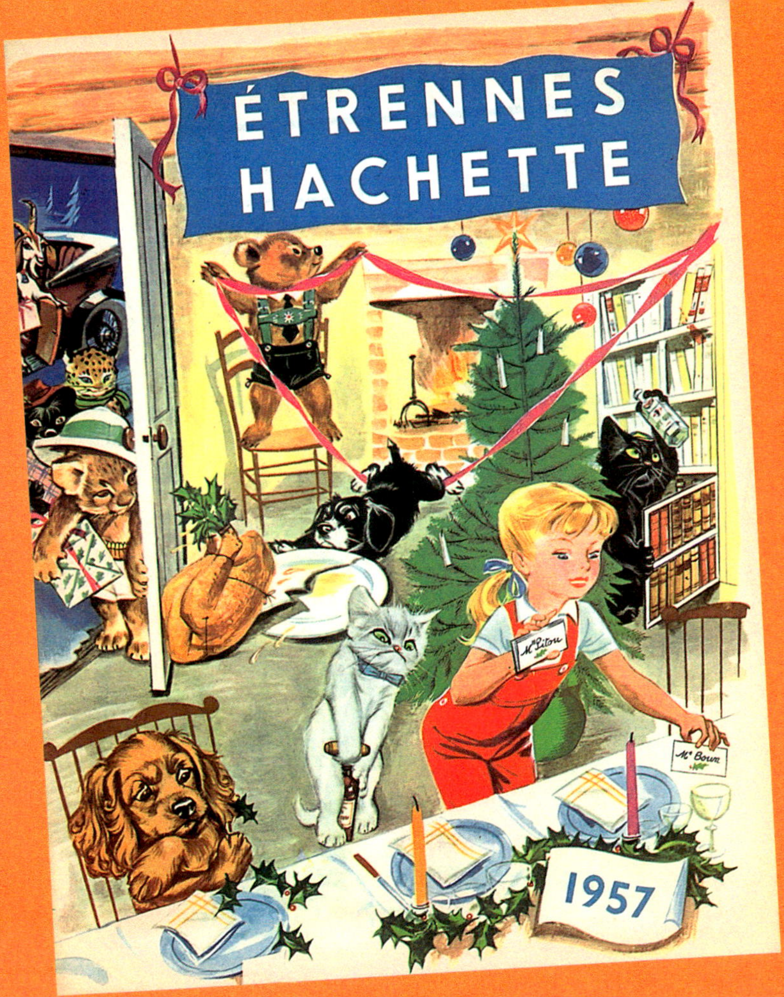

Les repas de Noël constituent l'épicentre des festivités… Le premier a lieu en pleine nuit, le 24 décembre, après la messe de minuit. Le second le 25, aux alentours de 13 heures, de nouveau après la cérémonie religieuse. Le banquet réunissant tout ou partie du village tend à disparaître, mais dans de nombreuses familles, rassembler le plus de monde possible autour de la tablée est la preuve indéniable d'un Noël réussi. Le sacrifice d'un animal, lointaine réminiscence des coutumes païennes, n'est bien sûr plus de mise. Pourtant, des millions de dindes sont élevées et tuées quelques jours avant le 25 décembre. Dans les campagnes, on engraisse des cochons spécialement pour l'événement et on gave les oies pour obtenir du foie gras.
Les traiteurs, boulangers et pâtissiers réalisent un de leurs plus gros chiffres d'affaires, et des centaines de milliers de bouteilles de champagne sortent de chez les cavistes.
La dinde revient sur presque toutes les tables. Découverte par les conquistadors espagnols, elle est ramenée en Europe. Elle devient rapidement la favorite des repas de fêtes, car à cette période de l'année, sa chair est plus savoureuse, et son prix élevé en fait un mets d'exception.
Contrairement aux autres rites, chaque pays conserve ses traditions culinaires. En Angleterre, le plum-pudding, ou Christmas cake, est considéré comme une véritable institution. La coutume veut qu'il soit préparé dès le mois de novembre, certains commenceraient même six mois avant ! Le *Stir up Sunday* – le dimanche précédant Noël – toute la famille se regroupe dans la cuisine pour tourner la pâte du pudding en faisant un vœu. À l'intérieur sont cachés toute une série d'objets :
- 2 bagues qui apportent l'amour ;
- 1 pièce de 6 pence, symbole de la prospérité ;
- 1 bouton de culotte pour celui qui restera vieux garçon ;
- 1 dé à coudre pour la future vieille fille ;
- 1 petit cochon représentant le plus gourmand.

Le gâteau, glacé au sucre, doit être flambé à l'alcool.
Les dindes sont servies rôties avec de la sauge et des oignons ou bouillies, mais les Anglais, ce jour-là, dégustent aussi du jambon braisé et du bœuf rôti – le fameux rosbif. Les Écossais préfèrent déguster du saumon farci. Quant aux enfants, dans tout le Royaume-Uni, ils apprécient les tartelettes de *mincemeat* : un mélange de pommes rouges, de raisins secs, de cerises confites, de zeste de citron, de noix, le tout lié par de la graisse de rognons de bœuf, assaisonné avec du piment, du brandy et de la cassonade.
Les maîtresses de maison allemandes préparent, des jours à l'avance, des plateaux entiers de délicieux biscuits sablés, glacés au sucre, aux formes d'étoiles, de lunes ou de personnages. Mais le pain d'épice s'impose comme la grande spécialité d'outre-Rhin. Décoré artistiquement, il s'accroche dans l'arbre, se pose sur la cheminée, orne la table où trône déjà le stollen, un pain aux fruits farci au massepain.
Aux États-Unis, depuis Abraham Lincoln, chaque 25 décembre est servi à la Maison Blanche le fameux gâteau du Président, à base de pétales de roses, de brandy et d'écorce d'orange.
Plus étonnant, au Portugal, le plat principal se compose d'une morue cuite à l'eau. Les Belges composent leur menu avec du boudin à base de chou vert. Et ce sont douze plats différents qui doivent être cuisinés en Pologne pour le réveillon, en référence aux douze apôtres…

LA BÛCHE DE NOËL ET LES FRIANDISES

Un repas de Noël français ne peut être envisagé sans une bûche en dessert. Elle apparaît sur les tables à partir de 1945, inventée par un pâtissier pour évoquer la rituelle bûche de bois qui se doit de brûler dans les cheminées, au moins pendant douze jours, jusqu'à la fête des Rois. Ce tronc d'arbre devait se consumer à petit feu, et ses cendres étaient conservées pour protéger la maison. Au cours des années, les logements se modernisent, l'apparition du chauffage central provoque la disparition d'un grand nombre de cheminées. Symboliquement, la bûche se trouve maintenant au centre de la table, confectionnée en gâteau roulé recouvert de crème au beurre. Des petits personnages, des sapins miniatures, de ravissantes branches de gui en plastique ou en sucre la décorent. Autour d'elle, des boîtes de chocolats aux parfums variés, des marrons glacés qui régalent les Français depuis Louis XIV, et les fameuses papillotes dont les papiers colorés égaient la table. À l'intérieur, les enfants découvrent de petits pétards ou des histoires drôles dignes de l'almanach Vermot. La légende les fait remonter au XVIIIe siècle, un jeune homme répondant au nom de Papillot, apprenti chez un confiseur de la place des Terreaux à Lyon, envoyait à sa fiancée des bonbons enveloppés dans du papier coloré sur lequel il écrivait ses déclarations d'amour. Il fut surpris par son patron qui le renvoya, mais qui garda l'idée, et les vendit sous le nom de papillotes !

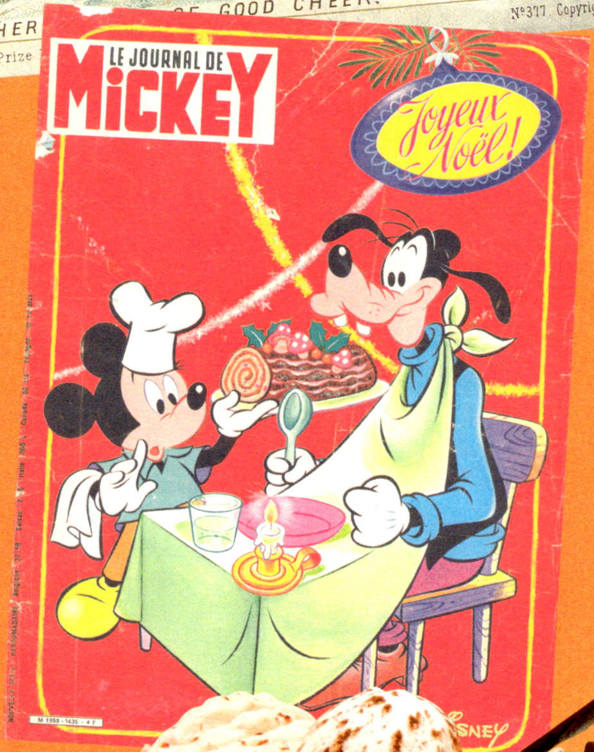

Décors d'orange

Pâtissier ou bûcheron ? Décore de bûchettes d'orange ton gâteau de Noël.

Oranges confites

Coupe les peaux d'orange en lanières. Fais bouillir 2 l d'eau et 500 g de sucre en poudre. Plonge les lanières dans ce sirop pendant 15 minutes. Égoutte, laisse sécher puis roule-les dans du sucre cristallisé.

Les sapins

Recoupe les peaux d'orange à différentes longueurs. Enfile-les en croix sur un cure-dent de la plus longue à la plus courte.

Les fagots

Assemble les bûchettes par paquets de 5 ou 6, noue-les avec un ruban de pâte d'amande.

NOËL

La neige

Découpe un chemin en papier et pose-le sur le gâteau. Saupoudre le sucre glace à travers une passoire, enlève le papier.

Le pont

Enfile les bâtons d'orange sur le cure-dent Creuse 2 petits sillons dans le gâteau et plantes-y les bâtons.

Réalisation : Anne Angelino

30

Les treize desserts

*En Provence, treize desserts figurent sur la table en hommage aux convives de la Cène. Marcel Pagnol et Frédéric Mistral les évoquent plusieurs fois dans leurs écrits. Une tradition que l'on retrouve dans le Bassin méditerranéen, notamment en Grèce ou en Catalogne, et dont l'origine remonte au XVII*e *siècle. Dès le XIX*e *siècle, dans la région marseillaise, toutes les familles suivent la liste des treize douceurs, qui peut varier suivant les régions :*

- *la pompa a l'oli ou pompe à huile d'olive que l'on déguste avec du vin cuit ;*
- *les quatre mendiants, dont les couleurs rappellent les robes des quatre ordres religieux qui vivaient de la mendicité : les raisins secs pour les dominicains, les figues sèches pour les franciscains, les amandes pour les carmes, les noisettes ou noix pour les augustins ;*
- *le nougat blanc et le nougat noir ;*
- *le verdaù (melon d'eau) ;*
- *le raisin blanc ;*
- *les pommes ;*
- *les poires ;*
- *les oranges ou mandarines ;*
- *les dattes, mises à l'honneur car elles représentent le pays du Christ. Ces éléments de base peuvent être complétés par des calissons d'Aix-en-Provence, des pâtisseries maison, des chocolats, des prunes, des pâtes de coing ou d'autres fruits…*

Chaque année, 35 000 tonnes de chocolats sont consommées à Noël par les Français.

Au Printemps – Paris — **Etrennes 1931-1932**

153-C-401. **AUTO DE COURSE "Renault"**, avec chauffeur, mouvement mécanique .. .. .. **110** fr.

153-C-402. **TRACTEUR A CHENILLE**,

Prix .. ..

153-C-404. **AUTO DE POMPIERS** grande échelle, sur chariot mobile. .. .. **70** fr.

153-C-405. **AÉRO-CAR**, mouvement mécanique, fonctionnant sur 1 fil, comprenant motrice et 2 remorques. Prix .. .. **59** fr.

153-C-406. **AVION** mécanique, évoluant suspendu à un fil ou au sol. Prix **13.50**

153-C-407. **TRAIN ÉLECTRIQUE**, sans danger, bas voltage, fonctionnant sur 110 volts alternatif.

Type vapeur .. .. **150** fr. et **120** fr.

Type P. O. .. .. **195** fr.

"Flèche d'Or" .. .. **450** fr.

153-C-409. **GARAGE** démontable, **"Citroën"**, en métal peint. Prix. .. .. **70** fr.

153-C-409 *bis*. **CABRIOLET "Citroën"**, décapotable, roues caoutchouc. Prix. .. .. **70** fr.

153-C-410. **RAPIDE AÉRIEN**, propulsion par caoutchouc, fonctionnant sur fil ou sur tour **25.50**

153-C-410 *bis*. **La tour** seule. **15** fr.

153-C-411. **AUTO DE** **"Bugatti"**, finement déc Prix .. ..

Autre modèle avec trique. .. ..

153-C-412.

métal peint. Prix .. ..

153-C-414. **BA** mâture plian

0m,35	0m,40	0m,50	0m,6
12 fr.	**18.50**	**29** fr.	**47** fr.

153-C-415. **"Le Tortillard". JOUE** mécanique, comprenant 5 pièces. Prix .. .. **27** fr.

IMP. E. PIGELET, BOUL. VOLTAIRE, 189-191, PARIS.

LES JOUETS DES GARÇONS

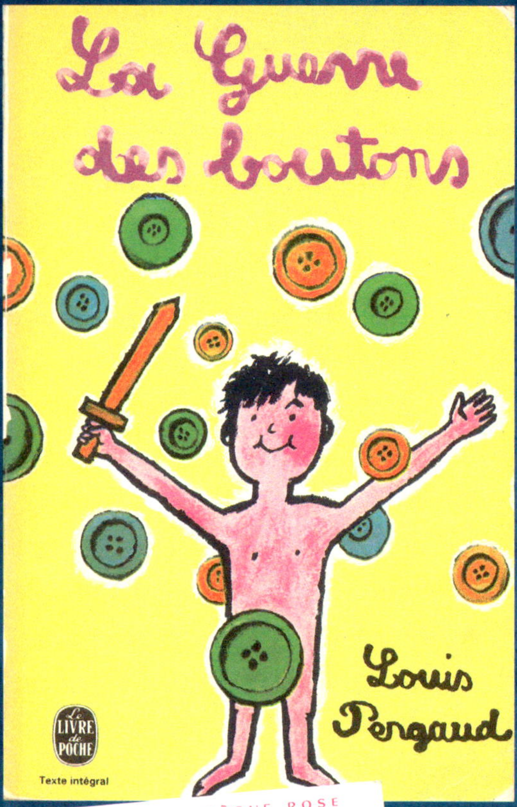

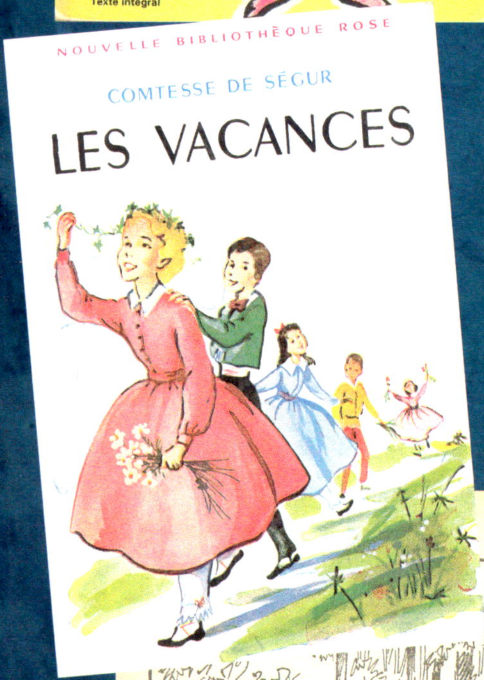

LES ENFANTS CONSTRUISIRENT UNE CABANE

DES JOUETS POUR LES PRIVILÉGIÉS

Posséder des jouets resta, pendant des siècles, l'apanage des enfants de la bonne société, mais même dans ces classes sociales privilégiées, peu d'objets ludiques leur étaient destinés. Le jeu semble pourtant inné : les tout-petits, dès qu'ils en sont capables, se mettent spontanément à s'amuser. Le jeune berger se taille un pipeau dans une branche de bois tendre, les gamins dépenaillés de *La Guerre des boutons* de Louis Pergaud s'organisent en armée, et dans *Les Vacances* de la comtesse de Ségur, les petites filles modèles, leurs cousins et leurs amis, construisent des cabanes et se prennent pour Robinson Crusoé. Pour jouer, il suffit d'un peu d'imagination et d'un sens aigu de l'observation, car avant tout, les enfants se plaisent à imiter les grands.

Le XIXᵉ siècle est le siècle du jouet. Les parents commencent à offrir des cadeaux pour les étrennes et les anniversaires. Une habitude qui rentre très vite dans les mœurs, au point de devenir, en quelques décennies, une coutume. Les fabricants proposent les premiers catalogues aux planches dessinées, les magasins innovent et exposent poupées et soldats de plomb dans leurs vitrines, tandis que les usines se mettent à produire en grande quantité des articles pour les fêtes. Mais dans la société française de cette seconde partie du siècle, le peuple connaît surtout la misère, et ces enfants n'auront jamais l'espoir d'acquérir la moindre de ces merveilles. Sauf dans les romans bien sûr. Cosette obtiendra, grâce à la générosité de Jean Valjean, une merveilleuse poupée. Quant à Jeannette, la petite meunière, elle volera la « fille » de Marguerite et, démasquée, elle sera battue par ses parents au point d'attrister les petites filles modèles qui entendront ses cris pendant un long moment. Mais les meuniers eux-mêmes finiront en prison pour avoir dérobé une pièce de drap : tels parents, telle fille, comme si, pour la comtesse de Ségur, le vol s'avérait héréditaire. La comtesse développe aussi l'idée, très courue à l'époque, que toute bonne éducation passe par le jeu. Dans *Le Petit Lord Fauntleroy*, Frances Hodgson Burnett reprend, en 1886, la même théorie ! Cédric s'émerveille devant l'abondance de jouets et son grand-père lui explique froidement qu'ils sont là pour parfaire son éducation et le préparer à sa vie d'adulte. Mais seuls quelques enfants ont droit à de telles largesses : les nobles qui, malgré la Révolution, possèdent encore certains privilèges comme celui de s'amuser, et les jeunes bourgeois. Car si le XIXᵉ siècle devient le siècle du jeu, il est surtout celui de la bourgeoisie, cette classe sociale montante qui trouve ses marques dans le commerce et l'industrie. Les bourgeois habituent leurs enfants à leur futur rôle : pour les filles des poupées, pour les garçons des jeux de constructions pour bâtir des villes et, plus souvent encore, des soldats de plomb et des costumes de « bons militaires », avec une préférence pour celui de zouave.

AU PRINTEMPS
PARIS
155-C-805
155 C 803
155-C-801
155-C-802
804
JOUETS
ÉTRENNES
1931-1932
étal peint, propulsion
vitesse,
.. .. .. 285 fr.
.. .. .. 565 fr.
de-boue,
.. .. 199 fr.
métal peint, avec
.. .. 129 fr.
.. .. 65 fr.
155-C-803. Bicyclette tube, avec équilibreur et frein, roues caoutchouc alvéolé.. .. .. 6 à 10 ans. 235 fr.
Autre modèle, sans le frein.. .. .. 4 à 7 ans. 115 fr.
155-C-804. Auto-galop, jouet sportif. Hauteurs : 0m,90.. .. .. 75 fr. | 0m,70.. .. .. 69 fr.
155-C-805. Intrépide en métal peint, propulsion à levier.
2 à 4 ans.. .. .. .. 51 fr. | 5 et 6 ans

AUX TROIS QUARTIERS
BOULEVARD DE LA MADELEINE – RUE DUPHOT, PARIS
ARMAND RAPEÑO
JOUETS ÉTRENNES
MARDI 1er DÉCEMBRE 1925

D'UNE GUERRE À L'AUTRE

Tous les garçons se passionnent – ou sont censés se passionner – pour les activités de leurs pères. Or les hommes, depuis les temps préhistoriques, n'ont jamais cessé de pratiquer la chasse et la guerre.
Simples bâtons à peine taillés, lance-pierres fabriqués avec un bout de ficelle, cailloux aux arêtes pointues : voici les armes des fils qui imitent les gestes paternels.
Ils peuvent alors partir à la chasse et, triomphants, ramener leur butin à leur mère pour être flattés et récompensés.
Quant à la guerre, elle est au cœur de toutes les conversations : de révolution en république, de république en empire, les garçons rêvent de batailles et de triomphes. Cette génération ne connaît que la défaite. En 1871, la France est écrasée par l'Allemagne de Bismarck, l'Alsace et la Lorraine annexées, et le pays connaît la honte des vaincus. Puis l'Allemagne triomphante gagne une seconde bataille, son industrie conquiert toute l'Europe et, comble du paradoxe, les petits Français s'amusent avec des jouets sortis directement des usines de leurs ennemis. Leur haine des Prussiens ne cessera d'augmenter au fur et à mesure des années. Le peuple français tout entier prépare sa revanche, chacun à sa manière, et les enfants sont tout aussi investis : les catalogues des magasins le prouvent dès le début du siècle. On trouve une gamme complète de panoplies : celle des zouaves, qui connaît toujours un franc succès avec sa culotte bouffante et sa veste brodée, mais aussi celle des spahis. Toutes les tenues de l'armée française, par grade et par corps, se trouvent commercialisées : soldat, lieutenant, capitaine d'artillerie, chasseur à cheval, hussard, cuirassier... Chaque enfant incarne désormais, à lui seul, l'armée française ! Et si les Allemands détiennent une grande partie du monopole du jouet, ces costumes proviennent, eux, d'ateliers bien français !

AU LOUVRE . PARIS

BOITES SOLDATS

3792. **BOITE SOLDATS infanterie** en plomb massif de 0m05.

Pièces	12	18	24	30	36	48	60
	15.»	**23.»**	**29.75**	**41.»**	**48.»**	**65.»**	**90.»**

Soldats de 0m04.

Pièces	24	36	48	72	106
	9.75	**16.»**	**22.»**	**84.»**	**53.»**

3795. **REVUE** soldats plomb massif de 0m05.

Pièces	19	31	39	48	68
	45.»	**62.»**	**70.»**	**99.»**	**153.»**

Soldats de 0m04.

Pièces	21	27	42	76	83	135
	16.75	**24.»**	**34.»**	**53.»**	**61.»**	**105.»**

3793. « **POLYTECHNIC** », construction d'art en bois, modèles à l'infini pour tous les genres de construction.

Nos	1	2	3	4	5	6
Pièces	290	505	695	1115	1760	2625
	22.50	**36.»**	**50.»**	**84.»**	**134.»**	**167.»**

3796. **PANOPLIE** maréchal avec képi.

8 pièces	9 pièces	10 pièces	11 pièces
[illegible]	[illegible]	30. »	48. »

3797. **PANOPLIE** de c

Pièces	5	6	7	8
	12.50	19.25	27.»	37.5

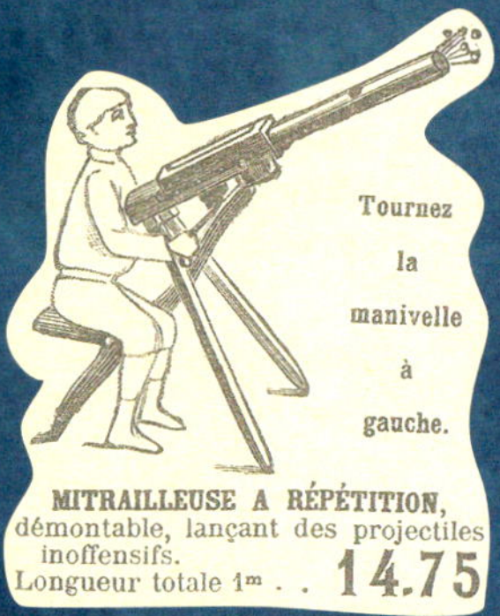

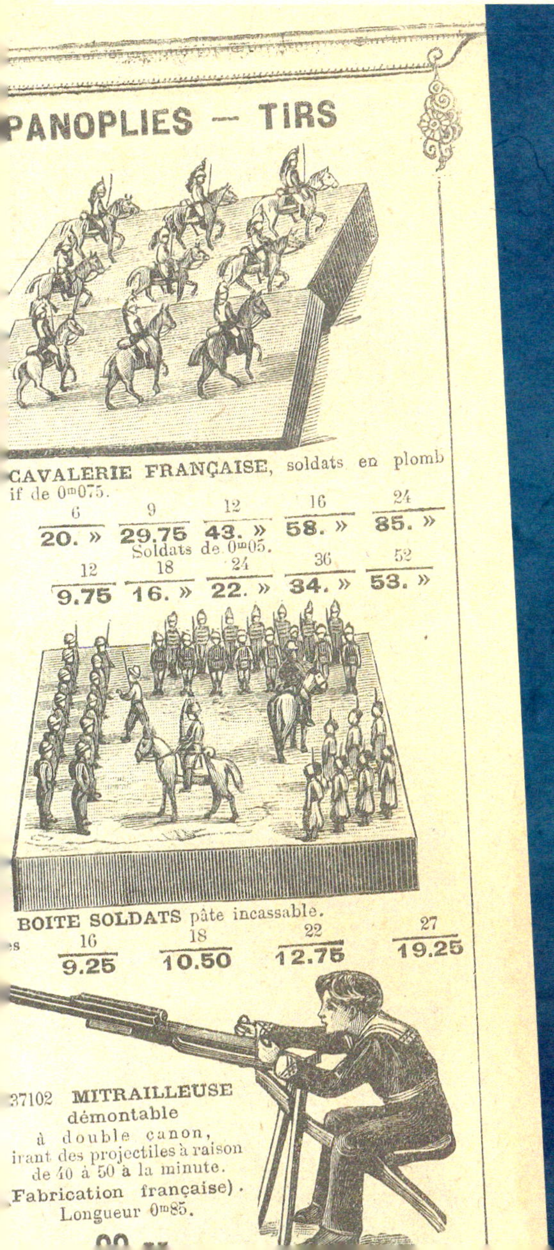

LA GRANDE GUERRE

Le jouet commence à pénétrer dans des foyers plus modestes, il se démocratise et les fabricants proposent maintenant des articles de moindre qualité que l'on peut acquérir pour quelques sous. Certes, de nombreux enfants travaillent encore aux champs ou dans les usines, mais dans la petite bourgeoisie, on offre désormais des présents aux plus jeunes, quitte à se priver pendant plusieurs semaines.

Dans les villes, l'apparition et la multiplication des grands magasins ont permis à chacun de découvrir, au moment des fêtes, de magnifiques étalages. Les catalogues sont envoyés à un réseau de clients potentiels de plus en plus large.

Après des mois de tension, la guerre éclate en 1914, mais ce ne sont pas seulement les soldats qui partent se battre, car la France entière, les enfants en tête, hurlent à la vengeance et s'investissent dans le conflit. Noël continue d'être célébré, les pénuries se font peu à peu sentir, mais toute une gamme de jouets est proposée. Pour les vendre, les magasins misent sur la seule notion qui compte en ces temps de conflit : le patriotisme ! Les couvertures des catalogues reflètent l'état d'esprit ambiant, quitte à friser le mauvais goût, ou même à déraper complément, comme ce dessin de Francisque Poulbot, représentant des jouets sautant sur un obus ! Le Père Noël est désormais un poilu, il serre dans ses bras des poupées habillées en Alsacienne et en Lorraine. Quant aux jouets, ils ne permettent plus aux enfants de s'évader loin des préoccupations des plus grands mais les plongent, au contraire, dans le quotidien des soldats, allant même jusqu'à reproduire une tranchée miniature. Pour abattre « les Boches », tous les moyens sont permis : jeux de massacre, tir avec fusil et projectiles, canon 75, il suffit de choisir son arme. Les visages allemands sont grimaçants et menaçants, tandis que les figures des braves poilus reflètent la sympathie. Les panoplies se vendent plus que jamais. En 1918, Poulbot récidive et n'hésite pas à dessiner un soldat allemand en peluche, visiblement mort, sur lequel marche, le sourire aux lèvres, un couple de petits Français ! Une phrase explicite l'accompagne : « Et maintenant, vive le jouet français. » Dès le début du conflit, la France a, en effet, stoppé toutes les importations de produits venant d'Allemagne, pays spécialisé dans la fabrication de peluches et de trains électriques. Des entreprises de l'Hexagone en profitent pour se positionner dans ces différents secteurs, et accomplissent, aux yeux de tous, deux actes patriotiques : elles relancent l'économie et permettent de cesser définitivement toute importation.

LES PETITS SOLDATS VONT-ILS RESSORTIR DE LEUR BOÎTE ?

La paix revenue, plus personne n'a envie de jouer avec des tranchées et de se déguiser en soldat. La France est sortie victorieuse du conflit, mais les horreurs furent telles et les morts si nombreux qu'évoquer cette période n'amuse plus les enfants et fait pleurer les mères. Les garçons se sont trouvés d'autres héros et rêvent de terres lointaines. L'empire colonial triomphe, et plus d'un enfant nourrit le fantasme de partir en Afrique ou en Indochine pour vivre mille aventures. Le Printemps, à Paris, propose une bande dessinée retraçant la vie palpitante de Nestor Fenleroc. Des vitrines entières sont dressées à la gloire de cet aventurier imaginaire qui n'hésite pas, en 1930, à découvrir le « pays des mangeurs d'hommes ». Des cannibales munis de lances et habillés de pagne sont dessinés sur la couverture du catalogue de jouets, ou des dessins évocateurs et d'un inimaginable racisme expliquent les mœurs de ces terribles guerriers !
Autre terre propice à l'imaginaire : l'Amérique et son Far West. Les garçons se lancent, à leur tour, dans la conquête de l'Ouest, traversant les territoires de chasse des cruels Indiens. Ils chevauchent leur monture, déguisés en cow-boys. Ces panoplies ont remplacé celles des soldats, les fusils servent à tirer sur des coyotes imaginaires et les cordes à s'exercer au lasso… Comble du luxe : une véritable tente d'Indien que l'on peut dresser dans son jardin ! Les soldats de plomb eux-mêmes n'ont plus le même succès, remplacés par des figurines de cow-boys et d'Indiens. Mais les boîtes de petits militaires vont bientôt ressortir avec l'éclatement d'un nouveau conflit dans une France qui préfère désormais la douceur de la paix.
Les guerres se suivent mais ne se ressemblent pas. Seules les atrocités sont similaires. Les catalogues de jouets exhument de vieux poilus et, en 1940, malgré son casque, le Père Noël de la Samaritaine ne semble plus y croire. Son dos est courbé sous le poids de la hotte et de ses soucis. Il a bien raison d'être pessimiste car ce conflit va ôter l'espoir à des millions de personnes et sacrifier les enfants. Noël, lui aussi, fait le couvre-feu. La France est occupée. Les trains partent, remplis d'innocents, vers les camps de concentration, et les armes servent à fusiller ! Comment, dans de telles conditions, peut-on encore jouer ? Certaines bercent silencieusement une poupée, d'autres câlinent un ours en peluche pour se rassurer, et seules les billes et les petites voitures occupent l'esprit un moment, lors des bombardements. Les pénuries, les hommes prisonniers, les réquisitions ont ralenti la fabrication des jouets. Cette guerre a failli tuer « l'esprit de Noël ». Ce sont les Américains et leur jovial Père Noël rouge qui le ramèneront.

"Les Jouets et Figurines de Qualité"
33 - LA BRÈDE - B.P. 4 - Tél. (56) 21-81-20
Cofalu
Grand choix de figurines en présentation vrac, sachets, blisters, présentoirs : coureurs cyclistes - motards police indiens - cow-boys - soldats modernes et d'Empire - moyen âge - mousquetaires - animaux de ferme - etc... Catalogue illustré et tarif sur simple demande.
NOUVELLE USINE POUR MIEUX VOUS SERVIR
4 VERSIONS
DIMENSIONS EN MM. 290 x 85 x 95
INDIENS Réf. 717
COW-BOYS - 718
MOYEN-AGE - 719
CAVALIERS MASQUÉS - 720
Réf. 942
VERSIONS
DIMENSIONS EN MM. 360 x 170 x 115
ARMÉE MODERNE Réf. 950
FAR WEST - 941
MOYEN AGE - 942
FERME - 943
CAVALIERS MASQUÉS - 944
COUVERCLE PROTECTEUR
5 VE
FAR WEST
FERME
960
Cofalu
et nos nombreux autres coffrets.

LA GUERRE DES ÉTOILES

Décidemment, la guerre des grands n'est jamais belle à voir ni à vivre quand on est enfant. Les jeunes possèdent heureusement la force d'oublier et de s'enthousiasmer face à de nouveaux éléments. Presque tous ont été marqués par les soldats américains venus délivrer la France. Ils les considèrent comme des héros, mais des héros aux poches pleines de chewing-gum et de menus cadeaux. Quand la marque Starlux sort la série des glorieux soldats américains, les enfants revivent, en boucle, chaque instant du débarquement. Ils complètent leur armée libératrice par les tanks Solido et des véhicules militaires démontables. Quelques années plus tard, toujours chez Starlux, une gamme complète de légionnaires et de parachutistes permet aux plus jeunes de vivre par procuration les guerres coloniales de leurs aînés. Et pour s'y croire vraiment, rien de mieux que de demander au Père Noël une panoplie complète de para.

Cette seconde partie du siècle va être, en effet, riche en bouleversements. Loin des conflits, la conquête de l'espace et la popularisation croissante des robots vont bientôt exciter l'imagination des garçons.

L'arrivée de la télévision dans les foyers français est, elle aussi, loin d'être anodine. Son influence sera considérable sur les nouvelles générations.

Les enfants se prennent désormais pour Zorro et se battent dans les cours de récréation avec des bâtons ou des règles rebaptisés pompeusement épées. À partir de 1961, le feuilleton télévisé des aventures de Don Diego de la Vega subjugue les futurs justiciers pendant 82 épisodes ! Ils demanderont le déguisement pour Noël ou au moins le chapeau et l'épée, et rêveront devant les jouets inspirés de la série. C'est le début des produits dérivés, et leur succès ne fera qu'augmenter au fil des ans. La sortie, en 1974, de l'adaptation cinématographique des aventures de Zorro, avec Alain Delon au sommet de sa gloire, relancera la mode du justicier. Mais rien n'égalera l'engouement des garçons pour la panoplie de Thierry la Fronde. Le feuilleton débute en novembre 1963, la télévision est désormais présente dans la majorité des foyers français. Les fillettes s'identifient toutes à Isabelle, tandis que leurs frères ou cousins manient leur fronde avec dextérité. Leur goût pour l'action trouve, la même année, un nouvel exutoire dans l'imitation des aventures de l'agent secret 007. La sortie du film de Terence Young *James Bond contre Dr No* popularise, sur fond de Guerre froide, les espions auprès des plus jeunes. Ceux-ci s'identifient à des personnages imaginaires, bien loin de l'image du brave poilu. Les supers héros aux supers pouvoirs, tout droit sortis des comics américains, rivalisent entre eux pour conquérir le cœur des gamins. Les panoplies de Batman ou de Superman envahissent les rayons des magasins.

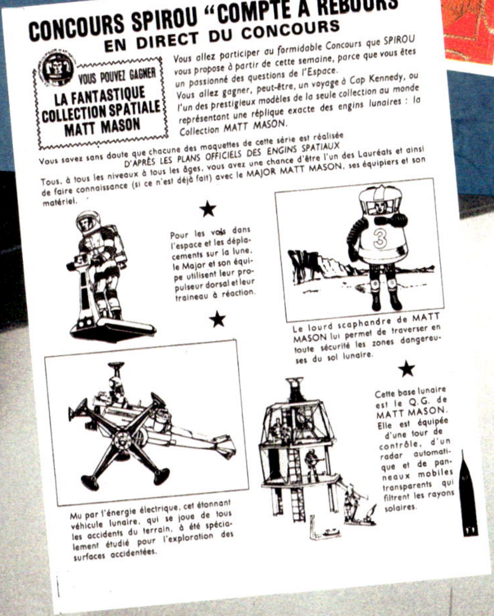

CONCOURS SPIROU "COMPTE A REBOURS"
EN DIRECT DU CONCOURS

VOUS POUVEZ GAGNER
LA FANTASTIQUE COLLECTION SPATIALE MATT MASON

Vous allez participer au formidable Concours que SPIROU vous propose à partir de cette semaine, parce que vous êtes un passionné des questions de l'Espace.
Vous allez gagner, peut-être, un voyage à Cap Kennedy, ou l'un des prestigieux modèles de la seule collection au monde représentant une réplique exacte des engins lunaires : la Collection MATT MASON.

Vous savez sans doute que chacune des maquettes de cette série est réalisée D'APRÈS LES PLANS OFFICIELS DES ENGINS SPATIAUX

Tous, à tous les niveaux à tous les âges, vous avez une chance d'être l'un des Lauréats et ainsi de faire connaissance (si ce n'est déjà fait) avec le MAJOR MATT MASON, ses équipiers et son matériel.

★

Pour les vols dans l'espace et les déplacements sur la lune, le Major et son équipe utilisent leur propulseur dorsal et leur traineau à réaction.

★

Le lourd scaphandre de MATT MASON lui permet de traverser en toute sécurité les zones dangereuses du sol lunaire.

★

Mu par l'énergie électrique, cet étonnant véhicule lunaire, qui se joue de tous les accidents du terrain, a été spécialement étudié pour l'exploration des surfaces accidentées.

Cette base lunaire est le Q.G. de MATT MASON. Elle est équipée d'une tour de contrôle, d'un radar automatique et de panneaux mobiles transparents qui filtrent les rayons solaires.

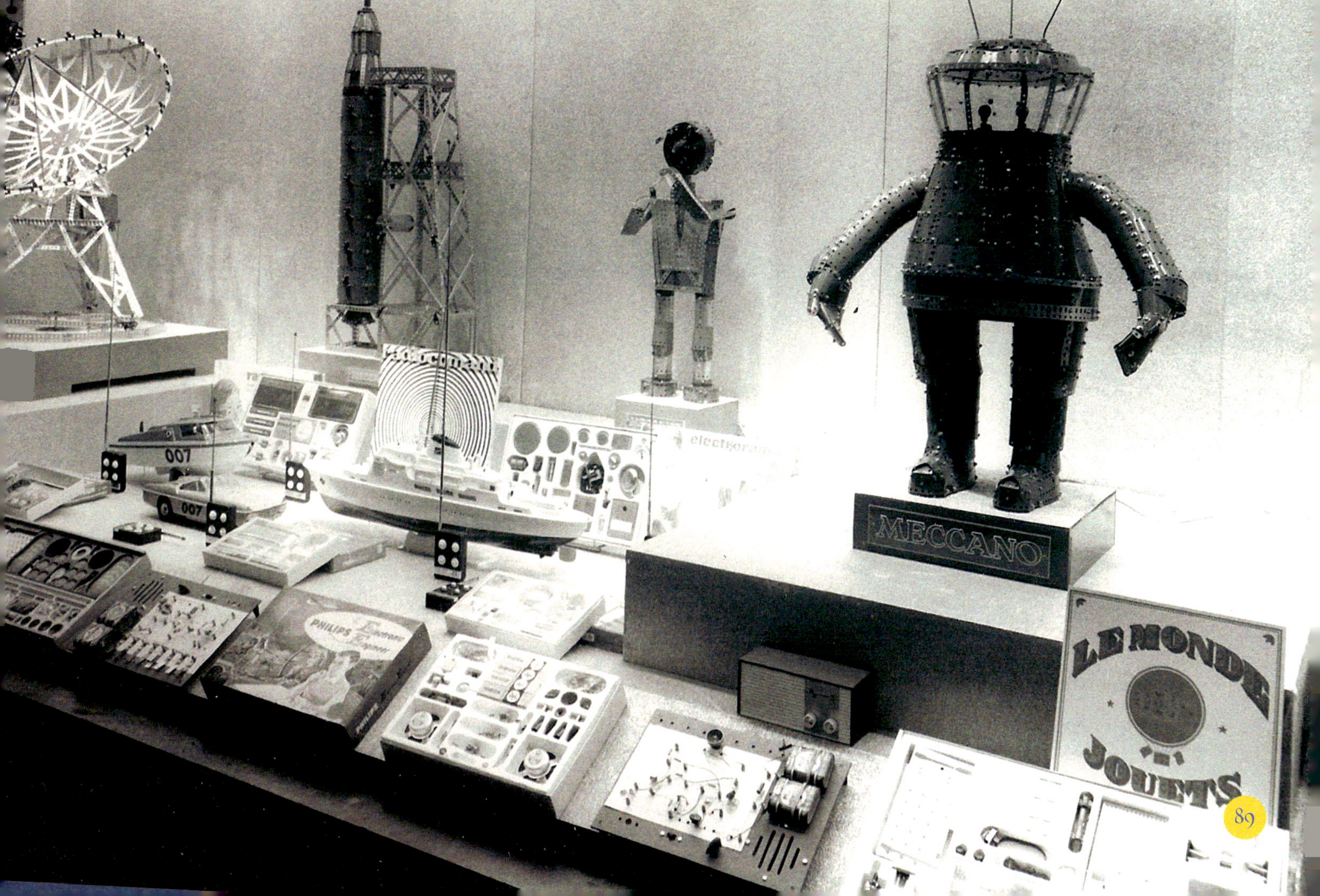

Une autre passion est cette fois inspirée par l'actualité. En 1961, le russe Gagarine accomplit un premier vol dans l'espace à bord de la capsule *Vostok 1*. Huit ans plus tard, le 21 juillet 1969, l'américain Neil Amstrong parvient, grâce à la navette *Apollo XI*, à atteindre la lune ! Mattel commercialise le Ken cosmonaute et des figurines retracent l'exploit d'Amstrong. Tous les petits garçons veulent un costume de cosmonaute. Après bien des hésitations, les éditeurs français se lancent dans la littérature de science-fiction destinée à la jeunesse : une nouvelle source d'inspiration pour des enfants toujours à la recherche d'aventures. Elles seront intersidérales. La sortie de *La Guerre des étoiles*, en 1977, permet aux fabricants de créer une gamme complète de figurines, de costumes et, surtout, d'armes. La diffusion, en 1978, des premiers épisodes de *Goldorak* et *Albator* en France semble décupler l'imagination des créateurs de jouets. Les Japonais ne se contentent pas de vendre les séries aux télévisions du monde entier, ils envahissent la planète avec leurs produits dérivés. Popy et Takara reproduisent tous les personnages de *Goldorak* et récidiveront avec *Ulysse 31*.

En 1990, *Dragon Ball Z* enchante les enfants et navre les parents qui subissent une occupation systématique de toutes les pièces de la maison par des armées de personnages créés par le géant japonais Bandaï. *Dragon Ball Z* et, bientôt, *Les Chevaliers du Zodiaque* : Bandaï domine le marché. Chaque série, chaque film, a droit à une myriade de jouets, les uns chassant les autres à la vitesse de météorites.

Quant aux pistolets et aux fusils, ils sont à laser et interactifs. Il existe même une arme à infrarouge. La société Hasbro connaît son plus grand succès commercial avec ses fameux transformers, des robots modulables. Pour les concurrencer, la société Kenner invente MASK – *Mobile Armored Strike Kommando* –, des véhicules qui en quelques manipulations deviennent des engins de guerre. Ce sont ensuite les guerriers extraterrestres Power Lord de la société Revel, les Visionnaries – les chevaliers à la lumière magique – et enfin les Battle Beat, des animaux partant guerroyer en armure, le tout chez Hasbro.

Mais la préhistoire n'est pas oubliée avec les bons Valorians combattant sans relâche les méchants Rulons, le tout dans l'espace intergalactique, des créations de la marque Tyco. Ils ont pour concurrent direct les Zoids de Tomy, des animaux préhistoriques effrayants.

Mattel, depuis 1981, a lancé Musclor et son ennemi implacable Skeletor. Mais c'est deux ans plus tard que la firme a une idée de génie : elle commande à la société Filmation un dessin animé intitulé *Les Maîtres de l'univers*. 130 épisodes verront le jour, entraînant la vente de 200 modèles de figurines dans le monde ! En 1984, Mattel lance un autre de ses grands succès, les minuscules Polly Pocket et leur monde merveilleux.

LE VILLAGE DES JOUETS
Galeries La

CONTESSO
jeux-jouets
modélisme
JOUETS
MATTEL
Goldorak
Raydeen
GEANTS
SHOGUN
n°1

SHOGUN
Les invincibles défenseurs de la planète T
GOLDORAK, RAYDEEN, GAIKIN
Ces 3 samouraïs de la Terre mesurent 60 cm de haut,
des roulettes et ont des bras qui se lèvent et s'abaisse
entièrement assemblés, ces personnages sont dotés ch
particularités qui garantissent leur puissance. Grands, f
impressionnants, les SHOGUN sont les invincibles défenseu
Fonctionnent sans électricité, ni piles.
2658
GOLDORAK
9859
RAYDEEN
2441
GAIKING

ROSNY 2
ULYSSE 31
jusqu'au
18 décembre
VENEZ ME VOIR
DANS LA GALAXIE
DES JOUETS
Samaritaine

Heros d'aventures pour garçons
BIG JIM
JOUETS
MATTEL

BIG JIM
Heros d'aventures pour garçons
Equipez BIG JIM et ses amis pour leurs passionnantes aventures. Tous ces authentiques équipements complets avec accessoires couvrent une large gamme de situations qui intéressent tous les jeunes.
JOUETS
MATTEL
7342 Plongée sous-marine
7351 Sur-vêtemant
7348 Boxe olympique
7352 Kung Fu
7307 Pilote
7368 Motocross
7345 Garde forestier
7349 Coureur automobile
8860 Cow Boy
8861 Safari
8972 Pécheur
8974 Vétérinaire
7308 Fauconnier
7309 Hockey
8868 Chasse
8870 Anti-Feu

UNE ARMÉE DE SOLDATS AMÉRICAINS

Devant le succès rencontré par Barbie auprès des fillettes, les fabricants cherchent un produit équivalent pour les garçons. Ken existe, mais il fait office de prince charmant, et presque aucun gamin ne s'abaisserait à jouer avec « cette poupée de fille ». Mattel invente alors le personnage de Big Jim, qui arrive en France en 1976. Avec ses 25 cm, il est plus petit que son concurrent le GI Joe d'Hasbro, haut de 30 cm. Distribués par la société CEJI Arbois, les GI Joe débarquent dans l'Hexagone en 1975, sous le nom d'Action Joe. Toutes ces figurines ont en commun d'être extrêmement viriles, mais Big Jim n'est pas un militaire : c'est un homme d'action, un aventurier. Il est entouré de ses compagnons, Big Jack, Big Josh, Big Jeff, et a même des ennemis. Il enchante les petits Américains dès 1971. Si en France la sortie d'Action Joe est presque simultanée à celle de Big Jim, ce n'est pas le cas aux États-Unis. Connus uniquement sous le nom de GI Joe, les premiers jouets sont disponibles en 1964. L'histoire de ce soldat américain est tirée d'une bande dessinée datant de la Seconde Guerre mondiale et réalisée par David Breger à la demande du gouvernement américain, qui souhaitait qu'il mette en scène le quotidien d'un militaire servant sous la bannière étoilée. Les premières planches sont publiées en 1942, dans le journal *Stars and Stripes*, et dans le magazine de l'armée *Yank*.

L'Action Joe français, ses compagnons et ses ennemis disparaissent en 1981, mais pour six ans seulement ! Le 14 octobre 1987, TF1 diffuse un dessin animé mettant en scène le personnage, et les jouets ressortent pour les fêtes de fin d'année sous leur véritable nom, GI Joe !

Le 16 janvier 2002, France 3 entame la diffusion d'une série canadienne en 3D, avec un nouvel héros d'Hasbro, haut de 28 cm, le musclé Action man.

DES JOUETS À L'IMAGE DE LEUR SIÈCLE

Grâce à l'industrialisation et aux progrès scientifiques du XIXe siècle, une série d'inventions vont voir le jour, qui seront très vite accompagnées de leurs pendants en jouets. Les trains miniatures apparaissent vers 1848, seize ans après les premiers transports de voyageurs sur la ligne Saint-Étienne Andrézieux. Ils roulent vraiment et une rampe de lancement leur permet de prendre de la vitesse. Leurs reproductions sont de petits chefs-d'œuvre, les trois classes sont même représentées ! Ces jouets connaissent un véritable succès, même s'ils ne s'adressent encore pour l'heure qu'à une clientèle aisée.

Dès la fin du siècle, un système à base d'alcool alimente un petit moteur et leur permet de se déplacer. Autour des rails, des accessoires créent une ambiance bucolique, des arbres entourent la gare où évolue toute une série de personnages… Les Allemands, déjà spécialisés dans les soldats de plomb, s'emparent d'une grande partie du marché des trains miniatures. Le fils de Théodor Friedrich Wilhelm Märklin, jusqu'ici fabricant de petites cuisines pour poupées, crée, en 1891, le premier train à mouvement d'horlogerie avec voie modulaire en forme de 8. Il invente également le système d'écartement des voies, système toujours utilisé à l'heure actuelle. Quatre ans après, il commercialise la première locomotive électrique à vapeur.

Des manufactures françaises et anglaises offrent, elles aussi, des produits soignés et concurrencent les fabricants d'outre-Rhin, comme la manufacture parisienne EF Lefèvre.

LA VIE DU rail
Noël
Offrez REDOUTE !
N° 776
DIMANCHE
18 DÉCEMBRE
1960
(Cl. B. ISKENDER.)
1,00 nf
BELGIQUE et LUXEMBOURG. 7 fr. B.
SUISSE..... 0,90 fr.
CANADA...... 15 cts
ITALIE....... 120 l.

Parmi tout un panel de jouets, les bateaux se positionnent souvent comme les favoris des garçons. Le jardin du Luxembourg, celui des Tuileries, le parc Monceau : tous possèdent un bassin pour faire voguer de fiers voiliers ou de modestes petites barques. À la fin du XIXe siècle, la manufacture de jouets F. Maurice se spécialise dans les bateaux mécaniques et propose de petites merveilles, allant du simple canot au sous-marin le plus sophistiqué plongeant vraiment sous l'eau ! Cette fascination pour la navigation ne se limite pas aux privilégiés : dans les caniveaux des villes ou dans les ruisseaux des campagnes, une simple coquille de noix agrémentée d'une feuille en guise de voile distrait des après-midi entiers d'inventifs gamins.

Quant aux carrioles, voitures, charrettes en tout genre, traînées par un cheval fictif et remplies de son ou de paille, elles roulent grâce à un mécanisme d'entraînement à pédale. Certaines peuvent vraiment être attelées à des poneys ou des ânes ! Toutes, même les plus simples faites de quelques planches et de roues de landau, enchantent garçons et filles, sans distinction de sexe. Étrangement, quand apparaissent les premières reproductions de voitures, peu après le lancement sur le marché des modèles des constructeurs Serpollet, De Dion Bouton et Amédée Bollée, seuls les garçons vont s'y intéresser.

C'est à eux, également, que s'adressent les premiers phonographes, les boîtes de chimistes, les téléphones ou toute autre merveilleuse nouveauté.

La conquête de l'air est, elle aussi, considérée comme une « aventure d'homme ». Les garçonnets peuvent, à leur tour, planer dans les airs avec des aéroplanes miniatures ou à bord de mongolfières. Le premier salon de l'aéronautique, à l'automne 1909, inspire les responsables des grands magasins qui proposent de nombreux modèles pour les fêtes.

L-153-P-32701. « Meccano », la mécanique en miniature permettant de reproduire facilement et sans limites tous les outillages de l'industrie moderne. Boîtes principales :
A. **30.** B. **45.** C. **60.** D. **90.** E. **120.** F. **180.** G. **330.** et au-dessus.
Boîtes complémentaires :
Aa. **15.** Ba. **18.** Ca. **33.** Da. **33.** Ea. **63.** Fa. **155.** Ga. **105.** et au-dessus.
Boîtes de conversion, or et bleu, pour convertir les anciennes boîtes numériques en séries alphabétiques... 00-B. **24.** 0-C. **35.** 1-D. **45.** 2-E. **40.** 3-F. **40.** 4-H. **150.** 6-K. **75.**
Moteur à ressort magique pour actionner les modèles constitués à l'aide des boîtes A, B et C. **12.**

Les fabricants ajoutent à leur catalogue un système de jeu de construction « meccano ». Ce système, inventé à Liverpool par Frank Hornby en 1898, est commercialisé en 1901 sous le nom de Mechanics Made Easy. Il prend le nom de Meccano en 1907. Les enfants le plébiscitent et une usine est ouverte à Berlin en 1912. Les produits sont distribués par la société Maerklin, qui continue parallèlement à exporter des trains électriques de plus en plus perfectionnés. Mais la guerre éclate et en 1920, la principale unité de fabrication voit le jour à Paris dans le quartier de Belleville. Pour faire face aux commandes de plus en plus nombreuses, l'usine est déplacée en banlieue, à Bobigny. L'assemblage des petites pièces mécaniques fera le bonheur de générations d'enfants et franchira le cap de la Seconde Guerre mondiale sans connaître de crise, avec l'implantation d'une deuxième usine à Calais en 1959. En 1964, Meccano est racheté par Triang, la société des trois frères anglais Lines, mais la faillite est inévitable et se produit en 1971. Meccano Angleterre est absorbé par Airfix et s'appelle désormais Meccano Ltd. Meccano France est racheté par General Mills et devient Meccano France SA. À partir de 1984, le système sera modernisé et partiellement transformé en devenant électronique, afin de tenter de lutter contre la concurrence. En 2003, ce sera l'introduction des bandes flexibles, et l'année suivante, les Meccano Heroes, avec l'introduction des séries d'héroïc fantasy.

JOUETS
CADEAUX
galeries Lafayette
PARIS
10-65
EX. J-0093. « Monza ». AUTO de COURSE, traction par vilebrequin, carrosserie plastique, châssis tube, pédales réglables, siège fixe recouvert plastique amovible. Roues rayons de 205 mm, gros bandages, tuyau d'échappement chromé, avertisseur, rétroviseur, capot mobile découvrant, faux moteur plastique qui fait bruitage, pare-brise. Long. env. 110 cm. 100,00
5
100 FR

L'ÉPOPÉE DES PETITES VOITURES

Dès le début, l'obsession des fabricants de voitures miniatures est de les faire rouler. Le moyen le plus simple consiste à les traîner au bout d'une ficelle. En 1892, l'Allemand Seligmann invente un procédé de propulsion par un élastique. Quant à la société française Rossignol, elle lance la première voiture à vapeur, mais elle se voit concurrencée par les spécialistes du jouet automobile tels Le Jouet de Paris, Carette ou Bing.

En 1923, André Citroën a une idée de génie : il crée des voitures à pédales pour enfants, qui sont les exactes reproductions de ses modèles. La mode est lancée, chaque prototype a désormais son pendant en jouet. Quelques garçons peuvent s'identifier à leur papa et posséder une automobile luxueuse de la même marque que lui, les autres se contentent d'objets en tôle. Les allemands Märklin, Gunthermann et Bing se lancent dans ce nouveau créneau sans arriver à distancer les fabricants de l'Hexagone, Le Jouet français et Rossignol. C'est dans l'après-guerre que le marché de la petite voiture va connaître un développement inimaginable, grâce à l'essor des miniatures au 1/43. Celles-ci furent inventées par Charles Rossignol, au début des années 1920, mais c'est Dinky Toys qui va les commercialiser en grande quantité. En 1933, Meccano lance une série de petites voitures, les Hornby Modelled Miniatures, pour compléter la gamme de ses trains Hornby. Devant le succès rencontré, la firme anglaise décide de créer une marque autour de ce produit : Dinky Toys voit donc le jour en 1934. Ses dirigeants vont s'inspirer de l'idée d'André Citroën et se mettent à fabriquer les reproductions exactes des marques existantes, mais à une toute petite échelle. Dès la fin des années 1940, elles ne sont plus en tôle mais en métal appelé Zamac.

Ce procédé a été inventé par le français Ferdinand de Vazeilles, fondateur de la Fonderie de précision de Nanterre. Spécialisé dans le moulage de matériaux destinés à l'automobile et à l'aviation, il se met à réaliser, en 1930, des jouets techniques en Zamac, un alliage de zinc, d'aluminium, de magnésium, d'antimoine et de cuivre. Constatant la robustesse de ses modèles, il les surnomme « Solido ». Sept ans plus tard, il crée une marque de jouet sous ce nom. En 1957, Solido présente sa Jaguar Le Mans, la première d'une longue série de voitures de course au 1/43, les plans d'usines lui ayant été directement fournis par les constructeurs. À partir de 1960, il lance une gamme de véhicules militaires.

Dinky Toys présente également un grand nombre de voitures de course, mais se caractérise par sa reproduction systématique de tous les véhicules apparaissant sur les marchés anglais, allemand et français. Après une interruption pendant la Seconde Guerre mondiale, la marque revient en force et, en 1951, ce sont pas moins de sept millions d'automobiles qui sortent de l'usine française de Bobigny. Le catalogue compte alors 200 modèles ! En 1957, Dinky Toys est déjà considéré comme mythique. La marque remet alors sur le marché les premières voitures fabriquées à destination des collectionneurs ! En 1962, pour la première fois, un partenariat est passé entre une marque de voiture et un fabricant de jouet : Renault et Dinky Toys sortent simultanément la Renault 8. En 1974, Dinky Toys passe un contrat avec l'espagnol Auto-Pilen : les châssis de cette nouvelle série sont en plastique. Mais la crise économique va avoir raison de cette marque de légende qui ne franchira pas le seuil des années 1980.

C'est également en 1982 que la société britannique Lesney et ses voitures Matchbox doivent déposer le bilan. Elle sera finalement rachetée par Mattel. Elle aura enchanté des générations d'enfants depuis son apparition en 1953, grâce à l'idée de génie de deux amis portant le même patronyme de Smith : emballer dans des boîtes d'allumettes des voitures de 6,5 cm. Dinky Toys, Matchbox, sans oublier Corgi placent l'Angleterre parmi les premiers exportateurs de jouets pour garçons. Mais la France n'est pas en reste : CIJ, JRD, France Jouet, Quiralu, Gégé et surtout Norev et Majorette les concurrencent de près.

Norev est l'anagramme des créateurs Paul, Joseph et Émile Veron. Les trois frères se lancent, en 1946, dans la production de jouets en plastique. En 1954, ils utilisent cette matière pour fabriquer des voitures au 1/43. Leur premier modèle sera la Simca Aronde. Les véhicules peuvent être achetés par tous car leur prix est attractif mais ils ont le défaut d'être peu solides. Un problème qui sera amélioré au cours des années. En 1990, la marque est une des seules à réussir sa reconversion en se spécialisant dans les jouets de collection.

Un des frères Veron, Émile, a lancé en 1961 la Rail-Route-Jouets qui deviendra, en 1966, l'entreprise Majorette. En 1977, il rachète Solido et devient, à cette époque, le premier constructeur mondial d'automobiles miniatures. Au cours des années 1980, la production est délocalisée en Thaïlande et la qualité en souffre. La faillite est imminente, et malgré plusieurs tentatives de rachat, la marque dépose finalement le bilan.

Les circuits 24

Les trains électriques possèdent tous une série d'accessoires, dont le premier est, bien sûr, le réseau de rails. Les amateurs de petites voitures vont avoir, à leur tour, leur piste avec le lancement des circuits 24, appelés en Angleterre Slot Racing. Les véhicules sont munis d'un moteur électrique et évoluent sur une route miniature grâce à un système de guidage. La paternité du brevet revient à nouveau à Maerklin en 1909, mais il faut attendre 1955 pour qu'il soit parfaitement mis au point. À partir du début des années 1960, l'Allemand Carrera, l'Italien Polistil, l'Américain Revell et le Français Jouef tentent tous d'arriver en première position. Dans les années 1990, ce sont les fabricants espagnols qui s'empareront du marché, tandis que des usines asiatiques sortent des millions de petites voitures. Chez Darda Motor, les circuits vont faire effectuer des loopings à une nouvelle génération de véhicules, qui roulent grâce à un système de friction. Super Sonic Power de chez Kunner ou Demolition Derbies proposent des engins qui se désintègrent en cas de choc, mais ils n'ont rien inventé : de telles voitures existaient déjà dans les années 1930 !

PLAYMOBIL EN AVANT LES HISTOIRES

En 1971, la crise pétrolière oblige de nombreuses entreprises à changer leur stratégie commerciale. La société allemande Geobra Branstatter et Co n'est pas épargnée, une grande partie de ses produits sont en plastique. Un de ses ingénieurs, Hans Beck, a l'idée de créer un tout petit personnage de 7,5 cm, tenant dans la main ou dans la poche d'un enfant et nécessitant peu de matière première. Il le nomme Playmobil. Le directeur de la firme hésite à lancer le jouet sur le marché, il ne croit pas à son succès. Il finit par accepter de faire un essai, et en 1976, ce drôle de petit bonhomme part à la conquête du monde entier. Les enfants le plébiscitent immédiatement. Sa « bouille » amusante le rend sympathique, telle la Bécassine de Pinchon. Il n'a pas de nez, une grande bouche souriante et des petits yeux ronds. Les premières séries se composent d'Indiens, de maçons et de chevaliers. La même année, des personnages féminins sont lancés. Suivront les Playmobil color (1978) et les enfants (1981). Leur corps devient couleur chair et leurs mains s'articulent en 1982. Quatre ans plus tard, les costumes sont peints directement sur eux.
Il est possible de suivre d'année en année des gammes différentes, d'ajouter des

wagons au train, un igloo à la série esquimau, des animaux au zoo, des meubles dans la fameuse maison Playmobil, des barques au bateau pirate.
Il existe toutes sortes de boîtes de tailles différentes permettant d'offrir, selon les occasions, des cadeaux plus ou moins conséquents. Les Playmobil révolutionnent l'idée du jouet conçu pour les petits garçons : ils leur sont initialement destinés – ils seront très vite adoptés par les filles aussi –, car ils donnent une vision optimiste du monde. Même les méchants sourient et ne sont jamais agressifs.
Pour les concurrencer, Lego lance Fabuland et ses animaux sympathiques. Mais la marque intéresse surtout les plus grands, qui bâtissent sans relâche maisons et palais, voitures et ponts.
Comme Playmobil, la société Lego est créée lors d'une crise économique, celle de 1929. Un charpentier danois, Ole Kirk Christiansen, cherche une façon de réduire ses coûts de matière première. Il a l'idée de construire des maquettes miniatures. Il se lance dans la production de jouets en bois, mais il vit en milieu rural et les gens sont trop pauvres pour les lui acheter. Il connaît un éphémère succès au cours des années 1930 grâce au yoyo, mais malheureusement la mode passe.

Il ne se décourage pas pour autant et remplace le bois par le plastique. En 1949, les premières briques emboîtables en acétate de cellulose sortent de l'usine. Ce jouet, trop différent des produits proposés jusqu'ici, déstabilise et reçoit un accueil mitigé. Le fils de Ole Kirk, Godfred, rejoint son père à la direction de l'usine. Les deux hommes sont persévérants, ils ne cessent d'améliorer le système. En 1958, la fameuse brique Lego voit le jour, mais Ole Kirk n'en connaîtra jamais le succès : il meurt cette même année. En 1963, l'acétate de cellulose est remplacé par le plastique ABS, extrêmement résistant. À partir de ce moment, la société ne cesse de se développer, remportant en 1966 un énorme succès avec son train, créant des gammes pour les filles et en 1969, les Duplo pour les plus jeunes. En 2000, la société Lego prouve qu'elle est capable de se diversifier en s'alignant sur le marché des jeux vidéo.

LES JOUETS DES FILLES

A NOËL JOYEUX…

LE Père Noël descendra encore, cette année, dans la cheminée des enfants sages. Il a demandé à "Pour Elle" de choisir pour lui, dans les meilleures maisons de Paris, ces ravissants cadeaux que nos enfants recevront avec joie.

1. Robe-tablier en organdi bleu semé de fleurettes blanches. *Aux Deux Claudines.*

2. Manteau en satin rose, pour bébé de 2 ans, orné de nids d'abeilles. Petit bonnet de satin rose assorti au manteau. *La Ville du Puy.*

3. Barboteuse en satin blanc ornée de nids d'abeilles, collerette à volant. *La Ville du Puy.*

4. Robe en graziella rose garnie de piqûres roses sur les plis et autour du col. *L. Rouff.*

5. Petite robe en toile de soie vert amande, empiècement et boutons en soie quadrillée. *La Grande Maison de Blanc.*

6. Robe en jersey de laine bleu, broderies blanches en angora, boutons de nacre blanche. *La Ville du Puy.*

7. Robe cache-maillot en mousseline brodée de pois en plumetis, entre-deux en valenciennes. *La Grande Maison de Blanc.*

8. Brassière en tricot de laine bleu pâle. Barboteuse en jersey rose, ornée de broderies en angora blanc. *La Ville du Puy.*

9. Petit costume en jersey de laine bleu ciel, garni de croquet blanc. Guimpe en tricot de coton blanc. Bouton bleu pâle. *L. Rouff.*

10. Costume bébé de 2 ans en chevriotte de laine blanche, col, poche et revers de manches dentelés. *La Grande Maison de Blanc.*

11. Bavoir carré en linon bleu pâle, applications blanches, fleurettes blanches brodées au plumetis. *La Grande Maison de Blanc*

12. Bavoir linon rose enrichi d'applications de linon blanc, tulle légèrement froncé posé sous le feston. Broderie au plumetis. *La Grande Maison de Blanc.*

13. Bavoir linon à volant plissé lingerie, monté par un jour et posé sur une véritable valenciennes. *Aux Deux Claudines.*

14. Petits chaussons roses en tricot ornés de deux pompons blancs. *La Ville du Puy.*

15. Chausson en tricot de laine bleue, se fermant par un bouton. *La Ville du Puy.*

16. Bavoir linon rose orné de jours, de pois au plumetis et d'une véritable valenciennes. *Aux Deux Claudines.*

Pèse-bébé en osier bleu ciel, posé sur une petite table en fer laqué du même bleu. *La Grande Maison de Blanc.*

Voiture-berceau en bois laqué rose orné de barres chromées. Capote, tentures et couvre-berceau en satin rose égayé de fleurettes brodées. *La Grande Maison de Blanc.*

Lapin blanc dans un gros chou vert. Un mécanisme fait sortir le lapin sur un air de musique ancien. *Le Nain Bleu*

Porte-layette en osier laqué blanc, doublé tissu blanc. *La Grande Maison de Blanc.*

Petite table et fauteuil en bois laqué bleu pâle, pieds boules. *La Grande Maison de Blanc.*

Poupée costume de province, coiffe filet blanc, robe velours bleu enrichie d'un galon or. *Le Nain Bleu.*

Photos Pierre Moreau. - Modèles déposés et reproduction interdite.

…NOËL UTILE

LA SEMAINE DE
Suzette
Nº 4 • 19 DÉCEMBRE 1957 • PARAIT LE JEUDI • 30 F
DANS CE NUMÉRO :
Le Bulletin-Réponse
DU GRAND CONCOURS
"GIBOULÉE"

LA PREMIÈRE PLACE SOUS LE SAPIN

Si, sur les listes de Noël des fillettes, les poupées occupent une place de choix, leur demande est très souvent satisfaite car les parents les privilégient aussi. Les poupées évoquent l'instinct maternel de leurs filles et ils s'émeuvent de les voir dorloter, comme des petites mamans, leur progéniture. Mais est-ce bien de l'instinct ou tout simplement du conditionnement ? Les féministes dénonceront ces cadeaux destinés, selon elles, à asservir les femmes, et à les maintenir dans les rôles restrictifs de génitrice et de mère. Depuis des siècles, les poupées sont considérées comme un instrument pédagogique idéal, les fillettes s'exercent et apprennent les gestes essentiels qu'elles devront reproduire, plus tard, sur leurs propres enfants. Elles observent leur mère et la miment, faisant de leur enfance le brouillon de leur vie d'adulte. L'invention de la poupée remonte à l'Antiquité, mais à partir du XVIe siècle, des poupées mannequins, surnommées « Parisiennes » apparaissent en France. Elles servent d'ambassadrices de la mode, Paris se positionnant, déjà, comme la capitale de l'élégance. Offertes aux enfants royaux ou à de riches nobles, elles ne sont pas vraiment des jouets. Il faut attendre la fin du XIXe siècle pour que soit enfin inventée une reproduction de bébé. Le premier est conçu par Augusta Montanari, en 1851.

Elle est aussitôt imitée par d'autres concurrents, dont Émile Jumeau, qui deviendra célèbre grâce à son fameux « bébé jumeau ». Ce dernier apparaît vite comme le cadeau de Noël par excellence, et il est alors nécessaire de le fabriquer en plus grande quantité. La création, en 1900, de la Société française des bébés et jouets permettra de faire face à cette demande massive. Émile Jumeau propose deux sortes de « bébé » incassables. Le premier modèle a une tête en biscuit de porcelaine, donc fragile, contrairement à ce qu'indique son nom, et un corps souple, articulé, en carton-pâte. Le second modèle, en carton bouilli, bien moins onéreux, se nomme « poupard ».

À partir de 1910, on commence à trouver des baigneurs en celluloïd – ce procédé ne cessera de s'améliorer. Grâce à ce nouveau matériau, les petites filles peuvent s'amuser à baigner et à laver leurs poupons. Elles imitent leurs mamans : les conditions de vie se sont améliorées et on inculque désormais aux femmes d'indispensables notions d'hygiène. Malheureusement, ce composé présente des risques, il est inflammable ! La marque Petitcollin résoudra le problème, en 1931, en inventant l'acédoïd, une matière ininflammable.

JOUETS
ÉTRENNES
Galeries Lafayette

JOUETS
ÉTRENNES
je parle
je marche
GALERIES LAFAYETTE

AU BON MARCHÉ PARIS
MAISON A. BOUCICAUT
Le Ballet des Poupées
Pendant tout le Mois de Décembre
ÉTALAGES ANIMÉS ATTRACTIONS ENFANTINES

L'APPARITION DE LA POUPÉE MODERNE

Les Allemands furent les premiers à se spécialiser dans la fabrication de masse de jouets. Petits soldats, ours en peluche et poupées, comme les célèbres porcelaines d'Armand Marseille, provenaient le plus souvent de leurs entreprises et étaient distribués dans toute l'Europe. Ils conquirent même l'Amérique. Avec la Première Guerre mondiale, la situation va radicalement se transformer. Les importations sont interrompues pendant le conflit, et la paix ne rétablira pas les échanges entre l'Allemagne et les autres pays. En France, les consommateurs, profondément patriotes, se font un point d'honneur de ne plus acheter des produits provenant d'outre-Rhin. Mais distribuer des cadeaux aux enfants le jour de Noël est devenu incontournable et il faut pallier ce manque. Le secteur du jouet français se développe alors et de nombreuses fabriques fleurissent sur tout le territoire. Les concurrents rivalisent d'ingéniosité et proposent des créations de plus en plus soignées, mais aux prix élevés. Ainsi, le 21 décembre 1929, le journal *L'Illustration* ne manque pas de le signaler à ses lecteurs : « Beaucoup de jouets, mais souvent de trop coûteux jouets. On ne s'est peut-être pas encore habitué à payer 100 francs la poupée que, jadis, on achetait 15 francs. » Il est vrai que cette poupée ne ressemble en rien à celles que l'on connaissait jusqu'ici à l'expression figée, et que l'on admirait surtout pour leurs vêtements. Cette nouvelle poupée possède désormais le visage de tout le monde, c'est-à-dire l'infinie variété du visage d'une petite fille. Le journaliste de *L'Illustration* la décrit ainsi : « La poupée d'aujourd'hui n'a plus le regard fixe, les yeux trop grands de ses sœurs d'autrefois. Ce ne sont plus des poupées de douze ans, ou même de petites dames, pareilles aux mamans, que l'on offre aux petites filles. Leur regard de maintenant est doux, étonné, vivant, sous de vrais cils. Les joues sont veloutées et comme tièdes. Sous une capote vert d'eau ou bleu nuit, la frimousse rose s'éveille avec des airs malicieux et des moues enfantines, avec quelquefois l'accent volontaire ou désolé du bébé à qui l'on refuse un bonbon ou un joujou. Je trouve même que ces charmantes imitations de toutes petites filles ne sourient pas assez souvent. Et il est bien vrai, il faut remarquer cela, que, hors de leurs jeux, les enfants sourient moins souvent que les grandes personnes. La vie ne leur paraît vraiment drôle que quand ils s'amusent, mais dans la vie, n'est-ce pas, même dans la vie enfantine, on ne s'amuse pas toujours. »

Des propos bien sombres dans un article qui paraît trois jours avant Noël, mais la France connaît, à ce moment-là, les premiers effets de la crise de 1929, et bien des parents doivent se faire du souci, et se demander comment ils vont pouvoir gâter leurs enfants. D'ailleurs, le journaliste, tout en s'interrogeant sur les goûts des fillettes, laisse percevoir à nouveau le climat qui règne à cette époque : « Il y a des poupées de toutes les couleurs, mais surtout des blondes : les enfants aimeraient-ils surtout les blondes ? La vérité, c'est que les blondes, cela fait plus riche à l'étalage. Peu de poupons. Il est devenu si difficile, avec les complications de la vie moderne, d'élever les bébés ! »
Malgré la crise, de nombreuses fillettes rêvent de posséder une poupée Raynal. Cette entreprise, créée en 1922, à Paris, par Édouard Raynal, se spécialise dans des modèles en tissu bourré et à la tête en feutrine moulée. Ses créations ne sont pas bon marché, bien au contraire. Chaque poupée est façonnée avec art, et Édouard Raynal va même réaliser des pièces de collection, comme celles représentant la princesse Elizabeth, future reine d'Angleterre, ou l'actrice Shirley Temple, dans une version entièrement réalisée en tissu. En 1937, à l'instar de ses concurrents, une gamme en rhodoïd est lancée.

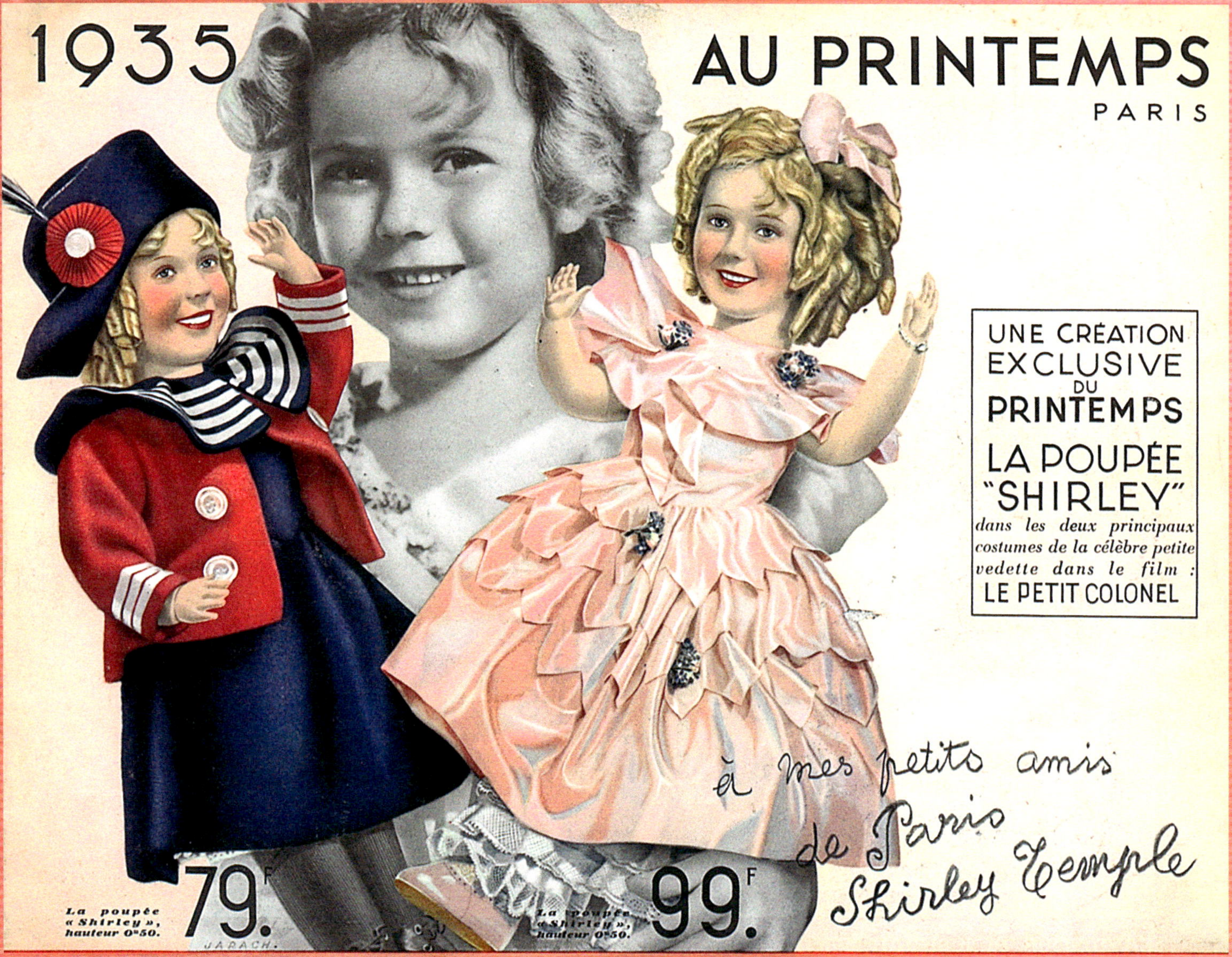

DEUX GRANDES STARS : BLEUETTE ET SHIRLEY TEMPLE

Si les années 1980 ont eu leurs poupées Corolle et les années 1960, les Bella, avant la Seconde Guerre mondiale, les vedettes incontestées furent les poupées Bleuette et Shirley Temple. En 1905, les dirigeants de la *Semaine de Suzette* ont l'idée géniale d'offrir, avec chaque nouvel abonnement, une poupée. Le succès de l'opération dépasse toutes leurs espérances. En quelques jours, les demandes affluent et les stocks sont épuisés. Des années durant, ils renouvelleront l'expérience, faisant évoluer Bleuette au gré des modes.

À Noël, les grands-parents optent très souvent pour ce cadeau qu'ils considèrent comme idéal. Non seulement leur petite-fille découvre un paquet, le 25 décembre au matin, mais elle aura le plaisir, tout au long de l'année, de recevoir un journal et de confectionner, pour Bleuette, un trousseau avec les patrons fournis à l'intérieur. L'idée même de ce trousseau séduit les lectrices. Elles peuvent coudre les vêtements de leur poupée et lui créer une garde-robe impressionnante, allant de la robe toute simple, à celle de gala, en passant par le costume de Bécassine. Outre-Atlantique, quelques années plus tard, en 1928 exactement, naît la petite actrice américaine Shirley Temple. Elle débute au cinéma en 1931, et enchaîne rapidement plusieurs films par an. À 5 ans, elle est déjà considérée comme une star, et ravit son public par sa fraîcheur et

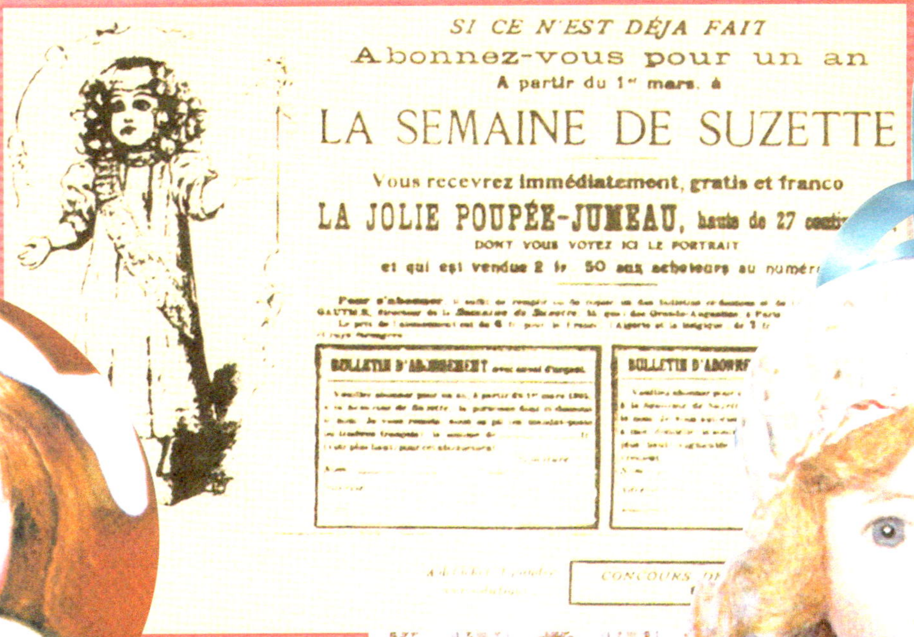

SI CE N'EST DÉJA FAIT

Abonnez-vous pour un an

A partir du 1er mars, à

LA SEMAINE DE SUZETTE

Vous recevrez immédiatement, gratis et franco

LA JOLIE POUPÉE-JUMEAU, haute de 27

DONT VOUS VOYEZ ICI LE PORTRAIT

et qui est vendue 2 fr 50 aux acheteurs au numéro

BULLETIN D'ABONNEMENT

BULLETIN D'ABONN

ses incroyables dons d'actrice, de chanteuse et de danseuse. Shirley traverse l'océan grâce à la magie du cinéma et conquiert l'Europe. Elle devient la vedette incontestée des petites filles, qui ne manqueraient pour rien au monde l'un de ses films. Les plus chanceuses d'entre elles vont découvrir, avec stupéfaction, son exacte réplique en poupée, dans les vitrines du grand magasin Le Printemps, en 1935 et 1937. Toutes rêvent immédiatement de commander au Père Noël cette magnifique reproduction de la petite actrice, mais seules les fillettes fortunées pourront la posséder.

L'ÂGE D'OR DES POUPÉES

Si les poupées continuent de garnir la hotte du Père Noël, la Seconde Guerre mondiale va ralentir la production, exception faite pour la marque GéGé. À partir de 1935, Germain Giroud crée des modèles composés de membres en tissu et de masques pour le visage, destinés aux baraques foraines. Devant leur succès, il se spécialise en poupées de salon. Démobilisé en 1940, il se met à fabriquer des modèles aux têtes et membres moulés. Les matières premières lui faisant défaut, il taille les vêtements dans du papier, bientôt remplacés par de pimpants habits en nylon, une matière révolutionnaire inventée par l'américain Dupont de Nemours en 1938. Les parents peuvent offrir, malgré la guerre, ces jouets aux coûts modiques et très appréciés par les fillettes.

En 1942, les poupées marcheuses sortent de l'usine GéGé, habillées avec goût par Juliette Nourisson, la future Madame Giroud, et en 1946, les premières poupées avec des cheveux sont lancées.

La guerre terminée, les parents privilégient leurs enfants et tentent de leur faire oublier ces années de cauchemars. Le retour à la paix se veut festif. Les Américains ont apporté avec eux le jazz et les bas nylons, mais aussi leur façon de fêter Noël de manière démesurée ! Les vitrines dévoilent des trésors de jouets, les catalogues proposent sans cesse de nouveaux modèles, et les poupées, avec leurs trousseaux époustouflants, sont de plus en plus belles.

L'entreprise GéGé poursuit son expansion grâce au plastique, et se diversifie en fabriquant des petites voitures et des dînettes. Les nouveaux appareils ménagers réjouissent les mères, et enchantent leurs filles qui bénéficient de leurs imitations. Les cuisinières miniatures ont tous les attraits de la modernité, les poupées possèdent des baignoires, des chaises hautes, des poussettes et des landaus dernier cri. Le plastique fait des merveilles. On peut désormais jouer à la marchande avec des imitations colorées de fruits et de légumes et, comble du bonheur, tout se lave sans se détériorer. Quant aux poupées, leur nombre s'est démultiplié. Raynal attise

toujours l'envie des fillettes avec ses modèles luxueux aux finitions parfaites. La société est d'ailleurs, depuis la fin de la guerre, le fournisseur officiel du Noël de l'Elysée, et elle le restera jusqu'aux années 1960. Pour les autres enfants, ce sont surtout les créations de l'entreprise Bella, bien moins onéreuses, qui sont choisies. Fondée en 1946, à Perpignan, par Salvi Pi, le fils de Joseph Pi, père des poupées Capi, cette petite fabrique artisanale connaît une expansion extraordinaire. Les Bella deviennent les vedettes incontestables des foires internationales de Lyon et de Paris. Les vitrines des grands magasins les mettent à l'honneur, et certaines d'entre elles deviennent des stars, comme le fameux « Petit Chaperon rouge » créé en 1952.

Salvi Pi, qui a conquis le cœur des petites Françaises, se lance bientôt sur le marché international avec succès, car ses poupées ont un avantage sur les autres... Il a découvert au Salon de l'électroménager de Paris une nouvelle matière, le rhodoïd, qui sert à fabriquer les rasoirs électriques. Il l'utilise pour ses poupées, les rendant ininflammables (comme avec l'acédoïd) mais surtout incassables ! Deux ans plus tard, toujours à la pointe du progrès et fort de ses accords avec l'entreprise Rhône Poulenc, il obtient des modelages très expressifs des visages avec le polychlorure de vinyle, la première matière plastique à être utilisée dans la fabrication de poupées. Parallèlement aux articles proposés en magasin, le mensuel féminin *Modes et travaux*, à partir de 1951, offre à ses lectrices la possibilité d'acheter par correspondance la poupée Françoise et son petit frère Michel. Chaque mois, des patrons de vêtements à collectionner sont proposés dans le journal. *Modes et travaux* prend ainsi le relais de la *Semaine de Suzette* et de la poupée Bleuette, et permet aux mères vivant loin des villes de commander, sans se déplacer, leur cadeau pour Noël.

TEEN AGE FASHION MODEL Barbie®
Barbie® TEEN AGE FASHION MODEL

THE COLLECTORS' REQUEST™
LIMITED EDITION
1967 DOLL AND
FASHION
REPRODUCTION
Twist 'n Turn Barbie®
Redhead version
23258
For the adult collector, age 14 and over.
MATTEL

NEW!
Skipper
BARBIE'S® LITTLE SISTER
#0950 $3.00
Here's Skipper, Barbie's Little Sister! With movable arms, legs and head, Skipper doll is dressed in a red and white swimsuit and red flats. Skipper has a "brass" head band on her hair... and you can comb, brush and set her hair with the comb and brush that are included. Blonde, brunette or redhead. Her own wardrobe of 10 "Junior-Edition" styles match up with Barbie fashions. Wire stand included.
He found the girl of his dreams!
CINDERELLA #0872 $4.00
THE PRINCE #0772 $4.00
NEW!
BARBIE® & KEN® LITTLE THEATRE
Now you can star Barbie and Ken in your own plays! Realistic little Theatre has stage with curtain that can be raised and lowered. Backdrops, scenery and booklet of scripts are included. Sturdy, easy-to-assemble, folds into handy carrying case. #4090 $8.00
Romance from a 12th century legend!
GUINEVERE #0873 $4.00
KING ARTHUR #0773 $4.00
Oh! She meets the wolf!
RED RIDING HOOD AND THE WOLF #0880 $4.00
NEW!
DRAMATIC LITTLE THEATRE COSTUMES FOR BARBIE & KEN
They'll become exciting, romantic story-book characters in these fabulous costumes! Each costume pak includes a leaflet with illustrations and story.
Mystery and magic in Arabia!
BARBIE ARABIAN NIGHTS #0874 $3.00
KEN ARABIAN NIGHTS #0774 $3.00

NEW!
Allan™
KEN'S® BUDDY™
#1000 $3.50
Allan is the newest addition to Barbie's® friends. He's Ken's Buddy; he and Midge™ double-date with Barbie and Ken. Red-haired, brown-eyed Allan doll is dressed in beach jacket, swimming trunks and sandals. All of Ken's finely-tailored clothes fit Allan. Wire stand included.
©1963 MATTEL, INC. PRINTED IN JAPAN
Pretty Swiss Miss and Brave Mountain Climber...
BARBIE IN SWITZERLAND #0822 $2.00
KEN IN SWITZERLAND #0776 $2.50
South of the Border..
BARBIE IN MEXICO #0820 $3.00
KEN IN MEXICO #0778 $3.50
Barbie and Ken "Go Dutch"...
BARBIE IN HOLLAND #0823 $3.00
KEN IN HOLLAND #0777 $2.50
NEW!
MATTEL'S® DELIGHTFUL TRAVEL COSTUMES FOR BARBIE® & KEN®
Here's a new series for Barbie and Ken: charming, traditional costumes representing various countries. In each pak, there's a colorful picture and story. Save and trade these pictures with your friends!
Oriental Splendor...
BARBIE IN JAPAN #0821 $3.50
Land of music and flowers...
BARBIE IN HAWAII #1605 $1.50
KEN IN HAWAII #1404 $1.50

UNE IMMENSE POUPÉE DE 29 CM

La poupée française s'est fait une réputation internationale et se retrouve dans les souliers des enfants du monde entier. Sa plus sérieuse concurrente apparaît aux États-Unis dans la seconde moitié des années 1950. Il s'agit d'une poupée mannequin de 29 centimètres prénommée Barbie. Cette dernière est en réalité l'imitation d'un modèle allemand, Lilli, qui sera présenté à la foire de Munich, au début des années 1950. Un couple d'Américains, Elliot et Ruth Handler, réalise le potentiel commercial d'un tel jouet, la ramène en Amérique et en lance la fabrication. La société Mattel voit le jour, elle étendra peu à peu son emprise sur le monde entier.

Barbie ne connaît pas un tel succès par hasard, elle arrive à point nommé dans l'Amérique de James Dean et du rock'n roll. Elle est à l'image de ce pays où les jeunes, les fameux *teenagers*, occupent une place de choix. Ils possèdent leur propre culture et le monde des adultes les encense. Barbie leur ressemble. Bien que façonnée dans du plastique, elle est éclatante de vie. Elle possède un corps idéal, une taille élancée, des jambes interminables et une poitrine provocante, aux formes disproportionnées. Elle représente, à la fois, l'innocence et l'insolence de la jeunesse. Sa garde-robe est impressionnante, ses voitures luxueuses, ses maisons, des chefs-d'œuvre de modernité. En 1961, elle hérite d'un fiancé, Ken, en 1963, d'une amie inséparable, Midge, puis les années suivantes, de petites sœurs et frères et d'une ribambelle de copains. Dès le début des années 1960, elle débarque en Europe, où elle est accueillie à bras ouverts car elle incarne le rêve américain. Dans une société au consumérisme triomphant, elle est le symbole du jouet de masse, et nul ne peut échapper à son pouvoir. Elle arrive même à transformer la manière de jouer des enfants, qui passent de l'imitation de leur mère, au désir de s'identifier à cette poupée parfaite, mais ô combien inhumaine. Les décennies suivantes, le Père Noël se pliera au diktat de Mattel, remplissant sa hotte de poupées Barbie. Mais après tout, ne sont-ils pas tous les deux des inventions américaines ?

Pratique le patron poupée

3 tenues de princesse

Robes de bal ou tenue de velours pour une promenade en troïka... Sissi fera toujours rêver les petites filles.

MUTINE
Robe vaporeuse en mousseline, jupe très froncée, grand volant dans le bas bordé d'un ruban de satin, et bouillonné de mousseline rose autour des épaules.

IMPERIALE
Longue robe, en taffetas bleu nuit, rehaussée de satin blanc aux motifs dorés. La taille est serrée dans une large ceinture. Sur les épaules, une cape en taffetas.

EMMITOUFLEE
Veste à basques, en velours, bordée de fausse fourrure et fermée par des brandebourgs dorés, sur une jupe longue en forme. En accessoire, une toque, un tour de cou et un manchon.

Patron des trois tenues à commander N° 428709 35 F Voir page 117

REALISATION PATRICIA ADRIAN
PHOTOS JEAN-LUC SCOTTO

COROLLE, POUPÉE DE LUXE

Chaque nouveau Noël apporte aux fillettes d'autres poupées, de plus en plus perfectionnées, marchant, parlant, avec les cheveux qui repoussent, les membres qui gigotent. Chez Mattel, les accessoires se diversifient suivant les décennies. Après les années 1960, qui privilégiaient les activités de loisirs, les années 1970 misent sur l'ambiance estudiantine. Mais c'est dans les années 1980 que les ventes de Barbie battent leur record. Chaque année, pas moins de trente modèles différents sont proposés et les chiffres s'élèvent à plusieurs millions de poupées vendues par pays. En France, en 1992, 3,5 millions de poupées ultra chevelure seront écoulés.

Les Barbie sont maintenant fabriquées en Asie. C'est également de ce continent que proviennent des poupées traditionnelles, de plus en plus perfectionnées. En effet, face à une main-d'œuvre bon marché et à un coût général de fabrication peu élevé, les fabricants français se voient obligés, les uns après les autres, de déposer leur bilan. À partir de 1980, ce sera successivement les mythiques entreprises GéGé, Raynal, puis Bella qui disparaîtront. Mais la marque Corolle va surgir et redonner ses lettres de noblesse aux poupées françaises.

En 1979, à Langeais, près de Tours, Catherine Réfabert crée les poupées Corolle. Comprenant immédiatement qu'il est impossible de concurrencer le marché asiatique, elle lance une gamme de modèles luxueux, aux prix assez élevés. Dans des bureaux d'étude, des visages d'enfants sont longuement étudiés, et les chercheurs constatent que tous présentent une légère asymétrie. Ils reproduiront cette asymétrie dans chaque modèle, leur donnant ainsi une expression presque humaine. Le lancement de la gamme est un succès. Acheter une poupée Corolle confine même à une certaine forme de snobisme. En 1989, le groupe Mattel rachète la marque et l'élève à l'échelon mondial. Elle représente désormais 12 % du marché, et se trouve distribuée dans 29 pays.

Même si elles ont, dorénavant, la nationalité américaine, les Corolle restent françaises, puisqu'elles sont toujours fabriquées dans leur ville d'origine.

Écolières
Bénédicte
Élodie
35 409 - 42 cm / 17"
Bérangère
Poupée articulée
Articulated soft body
Weichkörper mit Gelenken.

Les dînettes

Quelle que soit leur génération, presque toutes les petites filles ont déballé, un matin de Noël, une dînette. Suivant les époques, on en trouve en terre cuite, en faïence, en porcelaine fine, en fer-blanc et, enfin, en plastique. Les fillettes, après s'être exercées à leur future vie de mère, peuvent maintenant faire l'apprentissage de l'enrichissant quotidien d'une bonne épouse ! Avec les dînettes, elles s'initient au plaisir de la cuisine, dressent des tables factices, disposent des fleurs du jardin dans des vases en plastique, et attendent patiemment le retour d'un imaginaire mari. Grâce au plastique, la dînette va se perfectionner. Ce ne sont plus de simples fourneaux mais des blocs de cuisine entiers qui permettent aux futures ménagères de s'exercer. Paradoxe amusant, ces jouets sont de plus en plus volumineux, et il faut les caser dans de minuscules chambres d'enfants d'appartements eux-mêmes de taille restreinte.

Modernité du jeu, modernité du jouet

Avec la vie moderne, de nombreuses mères prennent un travail. La société de consommation pousse les foyers à dépenser plus, et le coût général de la vie augmentant lui aussi, un second salaire devient rapidement indispensable pour boucler les fins de mois. Mais il ne s'agit pas seulement de questions matérielles, les femmes commencent à s'émanciper et à se soustraire au contrôle de leur mari : elles veulent acquérir une indépendance financière. Dans un premier temps, elles commencent par occuper des postes typiquement féminins : secrétaire, infirmière, hôtesse de l'air. Leur changement de vie modifie leur comportement. Elles souhaitent inculquer à leurs filles le désir d'être autonome. C'est ainsi qu'elles leur offrent des panoplies d'infirmières et des machines à écrire. Certes, les déguisements de princesse ou autre fée restent des classiques, mais les petites aiment jouer à l'hôtesse de l'air « comme maman ».

À partir de la fin des années 1960, les femmes sont de plus en plus qualifiées et commencent à occuper des postes à responsabilité. Dans les paquets joliment emballés, les fillettes découvrent les fantasmes de leurs mères : des mallettes de médecin, et non plus d'infirmière, des laboratoires, jusqu'ici réservés aux garçons, pour devenir des savantes, ou des jeux sur l'archéologie… Deux jouets demeurent néanmoins des classiques : la tête à coiffer pour les futures coiffeuses et, naturellement, le matériel indispensable pour devenir une parfaite institutrice.

Materner leurs « filles » ne suffit plus aux fillettes de la fin du XXe siècle. Aussi, les constructeurs doivent rivaliser d'ingéniosité pour attirer une clientèle de plus en plus blasée. De véritables ordinateurs miniatures ont donc été intégrés à l'intérieur des corps des poupées ! On peut entendre battre leur cœur, et elles répondent aux enfants. Barbie prononce jusqu'à 270 phrases. Toute idée originale est activement recherchée, mais ce sont parfois les plus simples qui fonctionnent le mieux. Ce fut le cas, en 1983, pour un étudiant américain de 21 ans, Xavier Roberts, qui eut l'ingéniosité de créer des poupées à la tête expressive et au corps de chiffon, les Cabbage Patch Kids (poupées choux). Elles ne sont pas belles, mais sont toutes différentes et possèdent un nom propre, une date de naissance et un certificat d'adoption ! La firme Colleco s'associe à leur créateur pour les distribuer dans le monde entier. Le produit est lancé grâce à une publicité sans précédent : des spots télévisés sont diffusés à quelques jours de Noël, et le jouet se retrouve en rupture de stock. Deux ans plus tard, plus aucune fillette n'en voudra, car la mode fait loi et les marques doivent entièrement renouveler leurs modèles d'une année sur l'autre. Dans les chambres d'enfants, on ne compte plus les jouets qui, aussitôt offerts, sont aussitôt abandonnés pour d'autres. Mais lequel d'entre eux possède le charme de l'unique poupée, celle dont la seule fonction était de se faire aimer et dont la seule évocation provoque encore un pincement de cœur !

CE FAMEUX TEDDY BEAR

Combien d'adultes cachent encore, au fond de leur placard, un pauvre petit être en peluche, pelé, usé, rapiécé ? Il vaut tous les trésors du monde, cet ours ou ce lapin, il est le témoin des chagrins et des joies de leur enfance. Devenus parents à leur tour, dès le premier Noël de leur enfant, ils ont déposé au pied du sapin l'indispensable et indémodable « doudou ».

Ce n'est certainement pas un hasard si l'histoire des ours en peluche ressemble à une légende de Noël.

En 1902, Théodore Roosevelt est président des États-Unis. Une grande chasse est organisée en son honneur, mais l'homme d'État n'arrive à tuer aucun animal. Soucieux de préserver sa susceptibilité, on fait venir un ourson tenu en laisse, pour qu'il puisse l'abattre en toute tranquillité, et revenir avec un trophée de chasse. Refusant cette cible facile, Théodore Roosevelt décide de laisser la vie sauve au bébé ours. En son honneur, on fit fabriquer des jouets à l'effigie de l'animal. Cinq ans plus tard, en 1907, tous les catalogues d'étrennes proposent une gamme d'ours en peluche, confectionnés en mohair et remplis de paille de bois avec des yeux en boutons de bottine.

Dans le même temps, Richard Steiff dessine, en Allemagne, pour la fabrique de jouets de sa tante, Margaret Steiff, toute une série d'animaux. En 1903, le premier ours Steiff voit le jour. À son oreille est accroché un bouton de métal, sigle d'une marque qui deviendra très rapidement célèbre. Après sa découverte par les Américains, des accords sont passés et des milliers d'ours vont partir réjouir les enfants outre-Atlantique.

La Première Guerre mondiale sonne le glas, en Europe, du monopole allemand, à l'heure où apparaissent des ours de fabrication française comme ceux de la marque Pintel.

En 1920, ils deviennent tout doux, grâce à l'apparition de la peluche artificielle et un rembourrage au kapok. Leurs yeux en verre les rendent plus expressifs.

Avec la Seconde Guerre mondiale et les pénuries de matière première, la taille des ours diminue, ils se glissent et se transportent partout. Mais il faut attendre 1948 pour que des normes de sécurité soient enfin imposées.

Les peluches européennes, de confection soignée mais aux prix élevés, vont devoir laisser place aux modèles asiatiques, de moindre qualité mais aux tarifs imbattables. Toute une série d'animaux viennent grossir les rangs des ours en peluche.

Walt Disney passera des accords avec des fabricants, dès les années 1930, pour la représentation de ses héros en jouet.

Les jeux de société

Le jour de Noël, on aime se régaler de mets inhabituels, et une fois rassasié, il faut trouver une activité collective. Au cours du XXe siècle, les distractions connaissent une forte évolution. Les plus âgés perdent, peu à peu, de leur spontanéité, ils doivent tenir leurs rôles d'adultes, responsables et sérieux. Ils ne s'imaginent plus pouvoir participer à des amusements tels le foulard, le Colin-Maillard, le furet ou autres passe-temps qu'ils considèrent désormais comme trop puérils. La famille s'installe alors autour de cartes, de petits chevaux, de dames, de jacquet. Des divertissements certes agréables, mais qui n'ont pas l'agrément des jeux d'autrefois.

À partir de la Seconde Guerre mondiale, les fabricants de jouets, conscients de cette carence, réfléchissent à un nouveau concept. Ils ont alors l'idée de développer le marché des jeux de société. Présentés dans des boîtes attractives, ceux-ci deviennent des cadeaux idéaux pour les adolescents. L'après-midi se passe autour d'un Monopoly, d'un Cluedo, d'un Mastermind, d'un Risk ou des Richesses du monde. Les parents et grands-parents enchaînent, avec leurs enfants, parties sur parties. Ils ont le sentiment de conserver leurs rôles de pédagogues, car la plupart de ces jeux se veulent éducatifs. Les adultes peuvent donc s'amuser franchement, en toute bonne conscience !

LES OISEAUX DU MONDE
François de LA GRANGE et Antoine REILLE
Le but du jeu est de faire connaître aux enfants, les oiseaux, leurs caractéristiques, leur famille, les pays dans lesquels ils évoluent. 3 règles de jeu différentes permettent aux petits de jouer et passionnent également les grands.
Un livret éducatif réunit une documentation précise sur chacun des 70 oiseaux cités. La boîte, format 39 × 28.

PORTRAIT-ROBOT
(à partir de 9 ans)
Avec cet ingénieux système, il suffit d'un peu de soin pour réalis[...] des portraits fidèles.
Le jeu comprend un appareil dans lequel se déroule une ba[...] Sur cette bande sont représentées différentes formes de nez[...] bouches, d'yeux, qui apparaissent tour à tour sous une pla[...] transparente. Il suffit de choisir le nez, la bouche, les yeux q[...] ressemblent le plus au modèle et de les reproduire sur un calq[...] puis sur un papier blanc. Un jeu d'observation et de dessin à la f[...]
Une boîte, format 28 × 34

NOËL ET LA PRESSE

ELLE
NOËL
NUMÉRO - SPÉCIAL - ALBUM
Un nouveau
A.-J. CRONIN
Une nouvelle de
COLETTE
N° 210 - 5 DÉCEMBRE 1949
56 pages - 50 frs

SOIRS DE FÊTE
Lucien Lelong
Marcel Rochas
Francevramant
Louise Bourbon
Balenciaga
Chanel
Maggy Rouff
Bruyère
LUCIEN LELONG : Belle robe de satin. MARCEL ROCHAS : Jaquette de taffetas. FRANCEVRAMANT : Une fleur volumineuse garnit ce corsage. BALENCIAGA : Long fichu de taffetas. CHANEL : Une seule bretelle tient le corsage. MAGGY ROUFF : Etincelante coiffure du soir et voile d'organdi. LOUISE BOURBON : Aigrettes de tons vifs et velours - Gants Aris. BRUYERE : Cape de lamé or bordée renard.
QUEL BOUQUET D'IDÉES, QUELLE FÉERIE DE COULEURS OFFRENT ICI LES CRÉATEURS DE LA MODE.
50
51

UNE PRESSE POPULAIRE

Il y a des signes annonciateurs, une impalpable sensation qui vous saisit par surprise un matin. Un matin, un peu plus froid que d'habitude, où l'air vous pique et vous fait rougir les joues. Mais vous n'en ressentez aucun malaise, bien au contraire, sans raison apparente vous vous sentez joyeux. Vous pénétrez comme d'habitude chez votre marchand de journaux pour acheter votre quotidien, et soudain votre regard est attiré : un feu d'artifice de couleurs a éclaté au milieu de l'étalage de papier gris. Vous vous approchez, de jolies filles en tenues de fête vous sourient. Des étiquettes, des stylos dorés, des fards à paupières pailletés et autres attrayants gadgets sont offerts avec les magazines féminins. Vous vous tournez alors vers les revues politiques et de société, et là, oh surprise, elles ont, elles aussi, pris des couleurs. Du côté des enfants, ce ne sont que bonnets rouges à pompons et sapins scintillants sur les couvertures ! Eh oui ! Noël approche à grands pas, sans que vous vous en aperceviez, et les magazines vous le rappellent. Il ne vous reste qu'un mois et demi pour tout préparer ! Une frénésie d'achat s'empare de vous. Les gadgets vous attirent, les articles sur les Noëls d'autrefois vous intéressent, les recettes de la dinde aux marrons et de la bûche truffée vous mettent l'eau à la bouche. Quant aux magazines pour la jeunesse, ils vous font replonger dans la magie de votre enfance. Un mois et demi, c'est bien peu de temps pour tout préparer !

Depuis les années 1880, la presse populaire se fait l'annonciatrice des fêtes de fin d'année. Au XIXe siècle, on assiste à un développement spectaculaire des quotidiens, développement qui atteint son apogée sous la IIIe République, grâce à la loi sur la liberté de la presse (1881). Mais il faut attendre le début du XXe siècle pour voir apparaître une authentique presse spécialisée. Le magazine précurseur, *L'Illustration*, créé en 1843 et réservé alors à une élite, met lui, déjà, l'accent sur les fêtes de Noël. Les couvertures, luxueuses, reprennent des vitraux ou des tableaux religieux. Au tournant du siècle, la presse populaire connaît un engouement formidable et le nombre de titres se multiplie. Les articles se simplifient ; des romans, signés par de grandes plumes tels Alexandre Dumas ou Zola, enchantent lecteurs et lectrices. Des histoires sentimentales, prenant pour thème Noël, sont publiées pendant le mois de décembre.

Les Années folles

À partir des années 1920, de nombreuses publications féminines et des journaux pour la jeunesse se développent. Pour les fêtes de fin d'année, les magazines se parent de discrètes branches de houx et les sommaires évoquent déjà les sujets qui deviendront récurrents chaque Noël : les vêtements à revêtir le jour de la fête, les coiffures et, surtout, les menus à établir. Les patrons de presse ont compris que Noël faisait vendre, les tirages du mois de décembre sont donc exponentiels. Les mentalités commencent à changer. La fête de Noël se transforme. Jusqu'ici, elle était essentiellement basée autour de la religion et des festins, que l'on organisait entre deux messes. Dorénavant, elle devient plus intimiste, recentrée essentiellement autour de la famille, et de nouvelles coutumes apparaissent. Les cadeaux se font plus nombreux, les magasins décorent leurs vitrines, les intérieurs des maisons se parent de mille fioritures. Dans ce contexte, il est naturel que les magazines s'emparent de ce phénomène – ces derniers ne se contentent pas seulement de s'en emparer, ils le propagent également. Ils proposent aux provinciales d'avoir « le chic d'une Parisienne », et tentent de convaincre les milieux ruraux de fêter, comme les citadins, la naissance du Christ. Mais le vrai bouleversement vient de la création de Paris Match *en 1938, premier grand magazine populaire d'information, sur le modèle de l'américain* Life.

Les temps de guerre

Lors de la Seconde Guerre mondiale, les journaux continuent de présenter des numéros spéciaux pour les fêtes. Si une place importante est laissée aux sujets légers, les articles reflètent, indirectement, le climat oppressant de ces temps de conflit, comme dans le magazine Pour Elle *du 18 décembre 1940. Sous le titre « À quoi rêvent les enfants », on peut lire quelques lignes apaisantes : « Devant les étalages, les petits rêvent »… « Les enfants de 1940 sont pareils à tous les enfants qui les ont précédés. » Les témoignages sont édifiants. Bien sûr, certains veulent une paire de patins à roulettes, un voilier ou un avion miniatures, mais d'autres désirent : « Du charbon pour tout le monde car l'hiver s'annonce rude », ou « un pantalon, je le mettrai quand maman repassera l'autre. Sans cela il faut que j'attende… » Le plus émouvant reste sans doute ce petit garçon de 9 ans, interrogé lorsqu'il passait devant un grand magasin, la tête tournée de l'autre côté : « Pour Noël, je ne veux rien.*
– Mais, pourquoi ?
– C'est trop cher. »

Les années fastes

Après la guerre, apparaissent les premiers news magazines, les bebdomadaires d'opinion ; ce sera d'abord France observateur *(1950), qui deviendra* Le Nouvel Observateur *en 1964, puis* L'Express *(1953),* Le Point *(1972),* L'Événement du jeudi *(1982) et enfin* Marianne *(1995). Les sujets se veulent sérieux, les journalistes ne se contentent pas de simples articles, ils mènent des enquêtes, montent des « dossiers », pour des lecteurs essentiellement masculins. La fête de la Nativité n'est cependant pas oubliée, mais ici pas de conseils ludiques, on s'interroge, on cherche, on s'inquiète : « Qu'en est-il de Noël ? », « Faut-il croire au Père Noël ? » « Noël et la société de consommation »... Désormais, tous les magazines, même ceux spécialisés dans les motos ou les chasseurs, reprennent à l'unisson le thème de Noël. Et ils sont nombreux ! Les titres se sont multipliés, chaque passion, chaque mouvement possède maintenant son propre journal. Au mois de décembre, tous rivalisent de paillettes, de couvertures rouges et vertes, de gadgets. Noël fait toujours vendre, de plus en plus même !*

LES ENFANTS ... font LE PÈRE NOËL

★ « Maman a dit : « Cette année, le Père Noël a beaucoup de soucis. Je me demande s'il pourra venir à la maison ! »
Elle avait l'air un peu triste. Les petits, restés seuls, ont décidé que Noël viendrait et qu'il viendrait pour maman. Ils ont vidé leur tirelire.
Leur fortune partagée en trois parts, ils se sont rendus dans les grands magasins pour acheter leurs cadeaux.

★ Huguette est gourmande. Elle s'est ruinée dans une pâtisserie. Après, elle n'avait plus d'argent.
« Eh bien ! je donnerai à maman ma plus belle poupée », a-t-elle décidé.
Et, penchée sur le petit berceau, elle se sépare de sa favorite.

★ Avec un seau, un manche à balai et quelques branches de sapin, Michel a fait un arbre de Noël. Un futur décorateur, comme on peut voir !

★ De vieux journaux ont suffi pour confectionner trois costumes. C'est peut-être la mode de demain pour les Pères Noël...

★ Michel a choisi un merveilleux service d'argenterie que lui montrait le vendeur. Seulement, en définitive, il n'a pu acheter que l'écrin... Mais c'est un si bel écrin.

Reportage Michèle Nicolai
Photos Papillon

★ Nicole a tricoté des gants. Pour avoir la laine, elle a coupé une paire de chaussettes neuves de papa. Puis elle s'est mise à l'ouvrage. Son œuvre la rend fière. Un gant a quatre doigts, l'autre six, mais ça fait tout de même dix doigts ! Le compte y est !

★ Et maman, étonnée et émue, a vu trois Pères Noël, souriants, qui venaient à elle, les bras chargés de cadeaux et le cœur plein d'amour.

2

3

NOËL DES PETITS ENFANTS SAGES

Le sapin aux cocardes

Vous pouvez faire vous-même tous les objets pour garnir ce petit sapin. Achetez du papier métal or, rouge, bleu, et de tous autres tons que vous pourrez trouver. Voyez en page 20 et vous trouverez plusieurs modèles de garniture que nous avons fabriqués et photographiés pour vous. Ils ornent l'arbre. Vous monterez sur des épingles vos bougies multicolores en enfonçant la tête dans le bas de la bougie préalablement chauffée. Des cocardes seront fixées au mur tout autour du sapin.

La crèche en hauteur

Si vous avez la joie de posséder des santons, voici une nouvelle façon d'installer votre crèche. Passez autour du cou de vos petits personnages un fil de laiton et fixez-les au mur par des épingles de crochet X. Si vous êtes adroite, vous pourrez découper vos santons dans des papiers de couleur. Vous les collerez sur le papier peint avec de la colle caoutchouc qui ne laisse pas de traces. (Vous la ferez partir en frottant légèrement avec une gomme douce.)

La fenêtre des jours de fête

Que vos doubles rideaux soient bleus, bordeaux ou verts, peu importe. Epinglez dessus des étoiles découpées dans du papier argent. Sur le voilage, fixez par de grands points verts de minuscules branches de sapin. Un petit arbre de Noël de chaque côté de la fenêtre dans un pot à fleurs peint d'un ton en opposition avec celui des rideaux. Avec des branches de sapin, imitez, de chaque côté de la fenêtre, des candélabres que vous garnirez de bougies de couleur.

Si vous pouvez faire des folies

Achetez des boules, des fils de la Vierge, des cheveux d'anges, etc... Mais choisissez une gamme de couleurs que vous respecterez dans tous les ornements. Nous vous proposons ici : argent, bleu et rouge. Saupoudrez l'arbre ainsi que les cadeaux (que vous aurez enveloppés de papiers multicolores) de givre artificiel (borax, si vous ne trouvez pas de produit spécial). De petits sabots de Noël sur lesquels vous fixerez des bougies feront des candélabres nouveaux.

18

LA PRESSE FÉMININE

Noël va devenir un des thèmes de prédilection de la presse féminine. C'est d'ailleurs en partie grâce aux magazines destinés aux femmes que la fête va se métamorphoser au cours du XXe siècle. Dans les premiers temps, Noël est essentiellement centré autour des hommes. On célèbre la naissance du Christ (un homme), à grand renfort de cérémonies religieuses (où officient des hommes). Les femmes restent de simples exécutantes. Mais à partir de 1914, le départ massif des maris à la guerre donne aux femmes un rôle essentiel dans la société : elles vont gérer les fêtes de fin d'année, comme le reste, seules et d'une main de maître. Elles ont pour cela très peu d'expérience, leurs mères ne leur ont transmis que leur savoir-faire culinaire, elles doivent donc innover. Les magazines leur apportent alors une aide précieuse.

Des revues féminines commencent à apparaître dans un grand nombre de quotidiens, comme dans le *Paris Soir* de Jean Prouvost. Mais c'est en 1919 que naît un des magazines qui deviendra très vite culte : *Modes et travaux*. Grâce à lui, les ménagères peuvent suivre les tendances et se confectionner d'élégantes tenues avec les patrons proposés à l'intérieur. Car si la femme du XXe siècle s'émancipe, elle se doit aussi d'être élégante. Il ne s'agit pas non plus de revêtir, le jour de Noël, ses simples habits du dimanche. Il faut désormais une tenue spéciale. Les enfants ne sont pas oubliés. Curieusement,

"Il" FAIT PARTIE DE notre HISTOIRE

Il y a quelque deux mille ans, une Gauloise cacha pour la première fois ses lourdes tresses blondes sous l'ancêtre de votre capuchon, Mesdames. Ce capuchon c'était la " cucullle " saintongeaise ! Elle entrait dans l'Histoire en même temps que notre Pays.

En effet, si extravagant que cela puisse paraître, pendant des siècles et sous des noms divers, le capuchon ou du moins, le " chaperon ", demeura la coiffure nationale des " François ".

Digne successeur de la " cuculle ", puis de l'" aumusse " doublée de fourrure, le " chaperon " était un mantelet à une capuche dont le fond se prolongeait par un long appendice en forme de queue brinquebalant entre les épaules, comme une énorme natte..

Je sais que, pour ma part, je ne saurais concevoir le truculent curé de Meudon : François Rabelais, ni Villon — encore un François — le truand poète, ni Marot, ni Ronsard... sans ce pittoresque couvre-chef... Sans lui, peut-être la Rose de Malherbe n'eût-elle jamais vécu ce que vivent les roses !

Un " chaperon " ! Ne sentez-vous pas tout ce que ce mot délicieusement désuet éveille de souvenance ? Je me l'imagine, en velours, encastrant les cheveux torsadés des bourgeoises ; en drap puce, abritant le front du bon peuple béant d'admiration sur le Parvis Notre-Dame, devant les grâces de la Esmeralda... tandis que, tout là-haut, perdu dans la grisaille des tours, un autre chaperon solitaire pointe entre deux affreuses gargouilles... Le chaperon du lamentable Quasimodo dévoré d'amour et de jalousie !

Et puis ceux-là, aux couleurs de Lutèce : bleu et rouge. Signe de ralliement des insurgés parisiens courant se ranger sous la bannière d'Etienne Marcel, Prévôt des Marchands.

Voyez-vous encore une frimousse toute rose ? Une galette et deux pots de beurre pour la Mère-Grand ? Une chevillette qui choit ? Vous avez deviné ! Le Petit " Chaperon " Rouge... L'indéfectible compagnon de notre enfance. Allez donc nier après tout ce " pedigree " que le " chaperon " ou le capuchon ne soit pas de chez nous.

Et pourtant, il passa en vertu du dicton... Lorsque plus tard, Roxane se pâmait à son balcon, en oyant la cantilène du tendre Cyrano... Quand la pauvre Manon fuyait au bras de des Grieux, savez-vous comment se nommait le petit capuchon de satin qui les enveloppait comme un domino d'Opéra ? Ne cherchez pas. Jamais vous ne trouverez ce terme si délicatement pompadouresque et minaudier... Un " coqueluchon ". Il n'est qu'en France pour forger de tels mots voulant tout dire... sans rien dire !

Un " coqueluchon ". J'opte pour le terme. Tant pis pour les puristes... Et cet hiver, Mesdames, vous porterez toutes un " coqueluchon "... Rien que de prononcer ce mot... et le froid semble fuir !

16

Les modèles A, B, C, font partie du même patron-puchette n° 197.

PAS de NOËL sans CAPUCHON

A. Capuchon-pèlerine à petites pointes formant oreilles de chat, en satin ou crêpe de Chine matelassé, en feutrine ou tricoté. Métrage : 0 m. 90 en 0 m. 90.
B. Coqueluchon en velours noir doublé de satin rouge. Nœud sur le dessus de la tête et pans formant écharpe. Métrage : 0 m. 95 en 0 m. 90.
C. Capuche-pèlerine à grands revers, en velours rouge ou lainage sombre doublé de satin vif. Boutons dorés. Pèlerine froncée. Métrage : 1 m. en 1 m. 20. (Patron-pochette n° 197 contenant les 3 modèles.)

1. Petit chaperon rouge à revers blancs, pour fillette de 6 à 10 ans ; en drap, en feutrine ou tricot.
2. Pour jeune fille, capuchon en deux tons en ruban de velours et de soie.
3. Celui-ci forme écharpe et manchon ; tricoté au point de mousse, intérieur rouge vif.
4. Capuchon-plastron en tricot à côtes 3 × 3 ; fermeture sur une épaule et sur les côtés ; initiales brodées de couleur vive.

"Il" EST TOUTE LA MODE d'AUJOURD'HUI

Quelle femme ne rêve d'un capuchon douillet encadrant son visage et lui donnant un air juvénile ?

Tout récemment, dans une grande maison de couture, j'ai vu une cliente d'une quarantaine d'années essayer une cape à capuchon en lainage écossais. Je n'exagère pas en affirmant qu'elle parut aussitôt rajeunie de dix ans... Certes, l'écossais " fait " jeune et l'ensemble en question était des plus seyants ; mais de là à biffer d'un trait dix années, voilà me direz-vous, une bonne... " galéjade " ! Et pourtant, c'est pure vérité !

Sitôt la tête enchaperonnée, le visage revêt un aspect mutin, enfantin, et les ans semblent fondre comme par enchantement. Ne cherchons donc pas plus loin les causes de cet amour que les femmes vouent au capuchon et qui explique si aisément le succès qu'il obtient depuis quelques années.

Dans les dernières collections, j'en ai vu de toutes formes : certains arrondis et froncés à l'encolure comme ceux des nonnes ; d'autres, pointus tel celui du Père Noël ou bien encore en façon de poche, dont on rentre les pointes... Il en est de très amples qui se posent négligemment sur le sommet de la tête et semblent s'y maintenir par un prodige d'équilibre. Relevés, ils recouvrent les épaules en un large col comme un camail épiscopal...

Mais je crois que le " clou " est certainement ce modèle pourvu de deux pointes symétriques, en oreilles de chat... dont le mannequin avait d'ailleurs la frimousse ! Grâce et originalité, en faut-il davantage pour assurer le succès d'une nouveauté ?

Rue La Boëtie, lors de ce brusque froid qui s'abattit sur Paris il y a quelques semaines, Arletty, dans un fiacre en guise de carrosse, pourvu d'un automédon style 1900, s'emmitouflait dans un capuchon doublé de rouge.

Elle était, ma foi, bien trop jolie pour passer inaperçue et c'est avec ravissement que les passants contemplaient la " Maréchale Lefebvre " si gentiment encapuchonnée... L'Empereur et Fouché en eussent été éblouis et la cause du comte de Neipperg, gagnée d'avance !

Le sort en est jeté, Mesdames. Vous porterez cette année encore, un de ces mignons " coqueluchons ". Vous le ferez tout en fourrure si vous détenez quelques peaux, sinon, en tricot, en ruban de velours doublé de ruban de satin, en feutre, en rabane fourrée de lapin, que sais-je... Vous êtes d'ailleurs assez futées pour dénicher un tissu sans sacrifier le moindre " point "...

Bien entendu, quand vous confectionnerez votre capuchon, n'oubliez pas son inséparable compagnon : le manchon... car, la bise dépitée de ne pouvoir pincer vos oreilles, essaiera évidemment de se venger sur vos pauvres doigts.

Suzanne PANNEEL.

17

les maris ne préoccupent pas vraiment les rédactrices en chef. Beaucoup plus glamour, la revue *Vogue*, créée en 1892 aux États-Unis, arrive enfin en France en 1921. Elle devient immédiatement une référence incontournable – référence qu'elle ne cessera jamais d'être. *La Maison de Marie-Claire*, en 1928, donne également d'habiles conseils de décoration, mais Jean Prouvost révolutionne vraiment la presse féminine en lançant *Marie-Claire*, en 1937, à la veille de la guerre… Il existe désormais un guide pour réussir ses fêtes. Au fil des pages, on peut se confectionner une tenue et une coiffure de rêve, coudre pour les poupées des robes assorties à celles des petites filles, réussir de succulentes recettes, choisir les cadeaux que l'on va aller acheter, et décorer artistiquement sa maison. Dans l'immédiat après-guerre, *Marie-Claire* doit se confronter pour la première fois à des concurrents. En 1944, *Marie-France* voit le jour, et trois ans plus tard, *Bonne soirée*. Mais c'est *Elle*, lancé en 1945 par Hélène Gordon-Lazareff, qui va rapidement s'imposer. Si le *Vogue* français fédère les femmes modernes sans sombrer dans l'élitisme de son prédécesseur américain, *Elle* s'adresse surtout aux bourgeoises et aux citadines, même s'il reste parfaitement accessible à toutes. Hélène Lazareff introduit, la première, des photos en couleurs. On peut désormais admirer des sapins étincelants, des familles heureuses en habits scintillants et des mets plus vrais que nature. À partir de 1970, les revues rivalisent d'idées au moment des fêtes, *Votre beauté* se spécialise dans les conseils de maquillage, *Clair foyer* sur la famille, *Dépêche mode* sur les nouvelles tendances. Mis à part le plus sérieux *Madame Figaro*, créé en 1980, la superficialité des années 1980 se perçoit dans toute la presse magazine. Des cadeaux commencent à être offerts aux lectrices, à grand renfort d'étiquettes décorées. Chaque page de *Prima*, *Biba*, *Maxi*, *Femme actuelle*… glorifie le culte de l'apparence. On décore sa maison pour éblouir ses amis, on se poudre le décolleté de paillettes pour être la plus belle et la plus sexy. Les cadeaux sont désormais classés par tranche de prix, l'envie et le plaisir ne comptent plus face à la valeur de l'objet offert.

Le très populaire *Voici*, créé en 1987, n'oublie pas de colporter des potins sur les cadeaux des stars, leurs soirées festives et les présents offerts à leurs enfants. L'hebdomadaire s'adresse à 17 millions d'acheteuses et 36 millions de lectrices ! On assiste, depuis 1990, à l'âge d'or des revues féminines. Noël n'a jamais été aussi présent, non seulement dans les numéros de décembre mais aussi dans ceux de novembre : « Comment acheter ses cadeaux moins cher à l'avance », « Un régime pour être la plus belle pendant les fêtes », et dans ceux de janvier : « Comment maigrir après les fêtes », « Que faire de vos cadeaux en double ? »…

Cuisine, beauté, coiffure, tout est prétexte à de nouveaux titres ou à des hors séries. L'engouement de la presse spécialisée dans le bricolage et les loisirs créatifs est symptomatique de l'époque. Rien de mieux qu'un cadeau fait main : chevaux à bascule, meubles de poupée prennent de la valeur quand ils sont confectionnés par les parents ou par une sœur et un frère aînés. Pourtant, les sujets ne sont pas infinis et les rédacteurs en chef ont de plus en plus de mal à se renouveler, une étrange impression de déjà-vu trouble les lectrices. Heureusement, il suffit de saupoudrer de quelques paillettes la couverture pour faire renaître la magie de Noël.

Nos robes
du soir
en noir

MARIE CLAIRE
Nº 94 - 16 DÉCEMBRE 1938
Joyeux Noël
PRIX : 1.75

L'ARBRE A JOUETS
Comme autrefois, les animaux en peluche, les bateaux, les poupées et les voitures ont l'air d'être les fruits de l'arbre enchanté. Les jouets préférés de nos enfants sont aussi ceux que notre enfance préférait. Ils sont pourtant bien différents. Cet univers miniature est doué d'une vie indépendante où les piles incorporées jouent le rôle d'innombrables baguettes de fées. Mais, grâce aux mauvais génies, il arrive que les piles s'usent : l'imagination et l'initiative de nos enfants se retrouvent confrontées au monde malicieux et fantasque de leurs parents.
circulation; fonctionne
environ). 12. Canot à moteur (Jep);

spécial Noël
Belles petites princesses

LA PRESSE POUR ENFANTS

Ce n'est qu'à partir du XXe siècle que les plus jeunes commencent à recevoir des jouets pour Noël. Jusqu'ici, les enfants d'origine modeste se contentaient d'une simple orange posée dans leur sabot, les nantis d'un beau livre d'étrennes placé dans leurs souliers vernis. Devenus les acteurs centraux de la fête, les enfants commencent à l'attendre avec impatience et à rêver aux cadeaux futurs. Tout ce qui évoque Noël les intéresse et les responsables des magazines pour la jeunesse en perçoivent très vite l'intérêt.

Noël est bien sûr évoqué dans des journaux catholiques, comme *Saint Nicolas*, fondé en 1880, mais rien ne différencie les couvertures de fin d'année de celles des autres numéros, que ce soit dans *Le Journal illustré* (1903), *Le Journal de la jeunesse* (1904) le très populaire *L'Épatant* (1908), *L'Intrépide* (1910), ou *Cri-Cri* (1911). Parfois quelques feuilles de houx, dessinées en haut de la page, évoquent discrètement la fête. L'intérêt pour celle-ci est pourtant évident, intérêt prouvé par la création de *L'Écho de Noël*, en 1906.

Le bouleversement va venir des filles. En 1905 paraît pour la première fois *La Semaine de Suzette*. Le succès est immédiat. Même si Noël ne fait pas la une, les bandes dessinées l'évoquent. Vedette incontestée du journal, Bécassine de Pinchon enchante les petites lectrices. Dans ses aventures publiées sous forme de feuilleton, la sympathique Bretonne n'oublie pas de célébrer la nativité (« Le Noël de Bécassine »). La direction du journal offre alors à toute nouvelle abonnée une poupée, la fameuse Bleuette. La demande est telle que la poupée et la revue sont rapidement en rupture de stock. Cette idée géniale d'offrir un abonnement pour Noël va être reprise par les générations suivantes et deviendra, à partir des années 1960, le cadeau de prédilection des grands-parents à leurs petits-enfants.

Concurrente directe de *La Semaine de Suzette*, *Fillette* paraît en 1909. L'héroïne, l'espiègle Lili de Jo Valle est le parfait contraire de Bécassine. La gamine multiplie les facéties, et son comportement audacieux lui fait vivre des situations périlleuses. Son « bon petit cœur » la rend pourtant aimée de tous, et le Père Noël ne l'oublie jamais.

Des héroïnes déguisées en Père Noël

Après la guerre, les couvertures de Fillette *reprennent l'espiègle Lili, mais celle-ci a grandi : elle est devenue tout simplement Lili, et son dessinateur Al. G. (Gérard Alexandre) s'amuse à la représenter en Père Noël ou en petit lutin farceur. Les dessins présentant les héros des magazines vêtus de tenues festives ou hivernales, deviennent à la mode, c'est le cas de* Lisette *(1921), qui fut précédé du* Petit Écho de la mode*. Au fil des ans,* Lisette *se transforme en* Nade *(1946), puis en* Mademoiselle Caroline *et en* Lisette et Caroline *(1974), en reprenant les dessins de la célébrissime héroïne aux couettes blondes et à la salopette rouge de Pierre Probst. Le magazine* 15 ans*, quant à lui, se diversifie en offrant à ses lectrices des portraits dessinés de ravissantes inconnues au bonnet rouge à pompon blanc.*
De bien charmantes « mère Noël ».

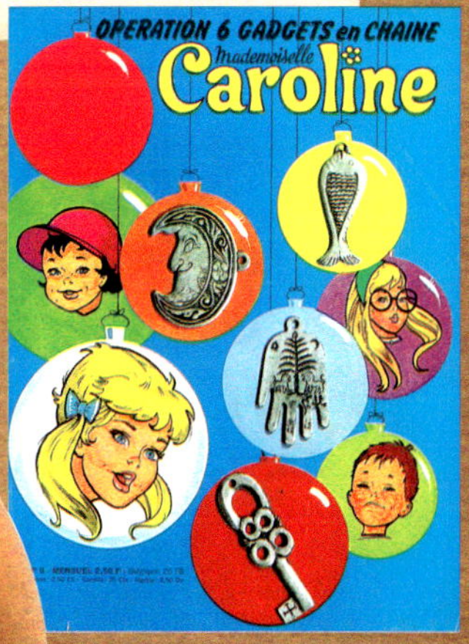

La presse catholique fête Noël

1980 voit le retour massif de la presse catholique destinée à la jeunesse. Le groupe Bayard a tiré les leçons des échecs survenus aux autres journaux, et qui ont entraîné leurs disparitions successives. Seul Fripounet *(1969) est arrivé à passer le cap des années 1980, mais il s'éteint finalement en 1993. Il s'agit donc d'offrir des bandes dessinées amusantes, de développer des sujets intéressants mais ludiques et, surtout, de faire de Noël une inépuisable source d'inspiration. D'attrayants gadgets sont offerts avec les numéros de décembre, dont les couvertures éclatent de couleurs. De nombreux bricolages peuvent occuper tous les membres de la famille des après-midi entiers : des crèches prédécoupées, le chariot du Père Noël, le village de Noël… Les Éditions Milan, à l'idéologie beaucoup plus à gauche, font rapidement de l'ombre à Bayard. Chaque enfant a droit à son magazine suivant son âge, même les tout petits qui ne savent pas lire ! Les cadeaux offerts sont presque similaires à ceux de leur concurrent, les bricolages guère différents et les sujets toujours cousins. Les deux ennemis finiront par fusionner en 2005. Aujourd'hui, les kiosquiers ne savent même plus où ranger la production du mois de décembre. Les dessins animés à la mode ont chacun leur journal, et les fêtes de Noël semblent le prétexte idéal pour séduire les lecteurs. Les cadeaux se font de plus en plus attractifs : on peut acquérir un coûteux gadget à la mode en achetant pour quelques pièces un nouveau magazine, ou trouver des DVD et des CD retraçant l'histoire du Père Noël ou celle de Jésus. Ainsi, avant même le passage du Père Noël, les enfants croulent sous une avalanche de cadeaux chez leur marchand de journaux.*

SPIROU, TINTIN ET MICKEY FÊTENT NOËL

En toute logique, les très catholiques *Bernadette* (1923), *Cœur vaillant* (1929), *Âmes vaillantes* (1937) ou encore *Le Chœur* (1945) centrent leurs numéros de fin d'année autour de la fête de la Nativité. En octobre 1934, *Le Journal de Mickey* débarque en France ; il est suivi, quatre ans plus tard, par le *Journal de Spirou*, le sympathique petit groom, puis par *Le Journal de Tintin* qui paraît en 1946. Les trois héros n'oublient jamais de célébrer les fêtes de fin d'année. Mais à partir de 1950, les numéros de décembre vont rivaliser d'idées pour séduire encore plus leurs jeunes aficionados. Après les pénuries, rien n'est trop beau pour les enfants : des publicités vantent les mérites de jouets ingénieux, de nombreux bricolages permettent de créer le décor de la maison et de confectionner des cadeaux à offrir. *Le Journal de Tintin*, supervisé par le très conservateur Hergé, propose même des crèches à faire soi-même.
Pif (1969), qui a pris la suite de *Vaillant* (1945), attire ses lecteurs à grand renfort de cotillons et de gadgets festifs. Un comble de la part d'un magazine proche du parti communiste ! Si toute allusion religieuse est soigneusement évitée, le journal, pour augmenter ses ventes, n'hésite pas à utiliser le légendaire Père Noël, héritier laïque de saint Nicolas, remis au goût du jour par les Américains. Et ceci en pleine guerre froide.

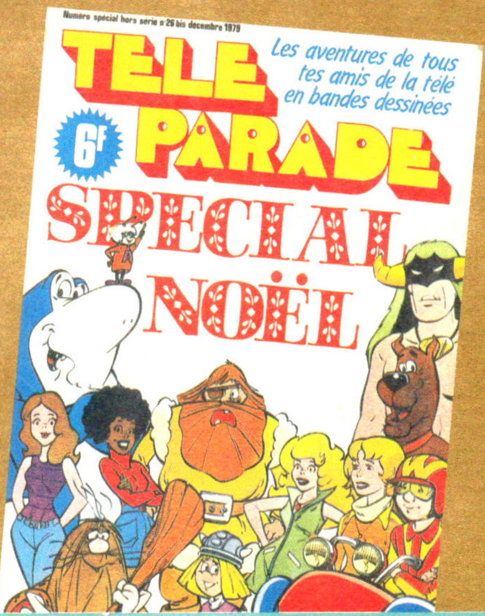

Le culte de Noël

Noëls de France

À l'origine d'un important patrimoine en Provence, les fêtes de Noël ont naturellement inspiré bien d'autres poètes et compositeurs dans l'Hexagone.

L'Alsace *« Berceuse de l'enfant Jésus », « Un ange est descendu du ciel », « Venez mes enfants »…*

L'Anjou *« Voisin, d'où vient ce grand bruit »…*

L'Auvergne *« C'est le jour de Noël », « Dans l'ombre de la nuit », « Marie au pied de la crèche »…*

Le Béarn *« Allons, bergers, partons tous ! », « L'enfant dort, ne faut point de bruit », « Entre le bœuf et l'âne gris », « Nous sommes trois Souverains Princes »…*

Le Berry *« On entend partout Carillon »…*

La Bourgogne *« Guillo prends ton tambourin », « Où t'en vas-tu donc si vite ? »…*

La Bretagne *« Saint Joseph a fait un nid », « Noël Nouvelet »…*

La Bresse *« Apprenez une nouvelle »…*

Le Languedoc *« Les Anges dans nos campagnes », « Je me suis levé », « Sautent et Dansent », « Les Trois Rois »…*

La Savoie *« Noël nouveau est venu »…*

Aucune contrée n'échappe à la célébration de la Nativité. Trois siècles de fêtes, de danses, et de chants traditionnels…

Noël en chanson : une tradition ancestrale

Religieux ou profanes, les chants de Noël demeurent indissociables des fêtes de décembre. Quelques notes suffisent ainsi à raviver dans nos mémoires d'inoubliables souvenirs...
Traditions populaires, le plus souvent païennes, et pratiques religieuses se mêlent et se confondent en musique au Moyen Âge. Des chants latins adaptés en poésies en langue française accompagnaient ainsi l'étonnante fête des Fous, également nommée, suivant les régions et les époques, fête des Innocents, fête de l'Âne, des Sous-Diacres, des Diacres-Saouls, des Cornards, des Libertés de Décembre...
Célébrée dans de nombreuses villes de France jusqu'au XVIIe siècle, elle avait pour objet d'honorer l'âne qui porta Jésus lors de son entrée à Jérusalem. Un office, suivi d'une procession solennelle, précédait toutes sortes d'extravagances. L'église devenait, ce jour-là, le théâtre, et les ecclésiastiques, les principaux acteurs de ces débauches joyeusement teintées d'obscénité !
Au fil du temps, nombre de ces chants se sont inscrits dans le patrimoine, intégrés à des divertissements, à des farces pastorales et à des mystères de la Nativité. Les thèmes pieux, les pastorales tirées du récit évangélique et la grossièreté populaire se sont intimement mélangés.
En Angleterre, le terme *carol* désignait une chanson caractérisée par l'alternance d'un refrain à danser, chanté en chœur, et de strophes interprétées par un soliste. Chant profane à l'origine, le *carol* se mue en chant sacré, sous forme de louange à la Vierge Marie ou de chant de Noël. À partir de la Réforme, le terme s'applique à tout chant de Noël, quelle que soit sa forme ou son origine.

La pastorale

À la fin du XVIIe siècle, une coutume musicale naît en Italie. Des bergers des Abruzzes descendent sur Rome pendant l'Avent. Ils viennent jouer en duo devant la crèche. L'un des bergers joue du chalumeau, un instrument assez primitif à anche unique, un autre de la musette, un piccolo de la famille des hautbois. La pastorale trouve là son origine. Le genre va traverser toute la musique de Noël, de l'ère baroque, depuis les Concertos grossos de Corelli, Locatelli ou Torelli, jusqu'à l'Oratorio de Noël de Bach.
En Provence, la pastorale reste indissociable du nom de Nicolas Saboly (1614-1675). Dans les campagnes, pendant la veillée de Noël autour du feu, les familles chantaient, traditionnellement, en attendant l'heure de la messe de minuit. Chaque année, les Provençaux attendaient avec impatience les nouvelles compositions de Nicolas Saboly. Poète et compositeur né à Monteux, une bourgade proche de Carpentras, de Vaison-la-Romaine et d'Avignon, Nicolas Saboly écrivit des messes, des motets et des Noëls publiés, dès 1669, par cahiers de six, huit ou douze, qu'il livra, sans nom d'auteur, à l'admiration de ses compatriotes.
Ces Noëls étaient pour la plupart publiés sans musique ! Les airs sur lesquels ils devaient être chantés étaient si populaires que Saboly se contentaient de noter, en tête de ses textes : « sur l'air de la pastouro », « sur l'air de l'écho »...

Surprises de Noël

L'essor de l'industrie phonographique au lendemain de la Première Guerre mondiale, la commercialisation des premiers tourne-disques entièrement électriques à partir de 1926, et la démocratisation des postes radios TSF au cours de la décennie suivante entraînent une révolution aux conséquences encore insoupçonnables. Enregistrées, les chansons peuvent désormais être commercialisées, écoutées et réécoutées, reprises en chœur… Le 78 tours assure à la transmission des refrains d'hier et d'aujourd'hui d'infinies possibilités. Noël ne tarde donc pas à inspirer les maisons de disques. Les stars de l'entre-deux-guerres se prêtent à l'exercice avec succès. Nul – ou presque – n'échappera à ce passage quelque peu obligé dans un répertoire digne de ce nom ! Radio Cité, Radio Luxembourg, Le Poste Parisien, Radio Toulouse… Les stations les plus populaires permettent de se familiariser avec les vedettes de la chanson française : Maurice Chevalier, Tino Rossi, Charles Trenet, Jean Sablon, Alibert, Pills et Tabet, Mireille, Ray Ventura et ses Collégiens, Réda Caire, Joséphine Baker, Marie Dubas, Lys Gauty, Lucienne Boyer…

L'essor de la TSF suscite et accompagne d'innombrables succès discographiques. L'approche de Noël constitue, à cet égard, un moment privilégié. Les 78 tours s'enchaînent d'une année sur l'autre. *Bonhomme de Noël* (1930) et *Joujou de Noël* (1935) de Berthe Sylva – idole des jeunes filles en ces années –, *Les Gosses à personne* (1931) de Nita-Jo, *Agnus Dei* (1931) et *Minuit chrétien* (1931) de Georges Thill, *Noël païen* (1932) d'André Gardon, *Le Noël de Bécassine* (1932) de Michel Moreau, *La Charlotte prie Notre-Dame* (1934) de Marie Dubas, *La Vierge à la crèche* (1934) de Louis Lynel, *Trois anges sont venus ce soir* (1934) de René Viala… Le Marseillais Alibert – l'inoubliable interprète des opérettes de Vincent Scotto – enregistre *Le Noël des petits santons* (1935) et *Marioun* (1935). Au lendemain du Front Populaire, Roland Avellis – plus connu sous son sobriquet de scène *Le Chanteur sans nom* – offre avec *La Révolte des joujoux* (1937) une chanson de Noël belle et poétique, aux sous-entendus lumineux…

Les Noëls de Bob et Bobette

Bob et Bobette ! Dans l'entre-deux-guerres, ces deux prénoms ne renvoyaient pas encore à la célèbre bande dessinée de Willy Vandersteen, mais aux chansons signées par le parolier René-Paul Groffe et le compositeur Marius Zimmermann. La Soupe aux choux, Jeannot chasseur *ou* Le Cœur du roi *avaient lancé, à partir de 1929, le principe d'une production spécifiquement destinée aux chérubins. En 1937, une nouvelle série de titres –* La Fête à Joujouville, La Ronde des petits lapins, Le Nain riquiqui*… – est interprétée par Jean Sorbier (Bob) et Suzanne Feyrou (Bobette), accompagnés par l'orchestre d'Armand Bernard. En toute logique, « Les Noëls de Bob et de Bobette » prolongent, en 1938, ce succès, avec des chansons comme* La Goélette du Père Noël, Autour du sapin, La Parade des joujoux *ou* Les Trois Chevaliers de bois. *Le disque dit de Noël trouve sa place dans un marché en plein développement. Autre chanteur marseillais, Jean-Louis Anezin, alias Jean Lumière, frôle, à cet égard, la spécialité dans ce domaine, avec* La Petite Église *(1934),* La Vierge à la crèche *(1936),* Le Noël des petits santons *(1937),* Voici les santons *(1937),* Noël de France *(1941),* Les Cheminées de Noël *(1941)… Un rôle que commence à lui disputer un autre chanteur à l'accent du sud, mais corse cette fois : Tino Rossi.*

White Christmas

Décembre 1941, l'Amérique entre en guerre au lendemain du bombardement de la base navale de Pearl Harbor. Le crooner Bing Crosby interprète pour la première fois « White Christmas » au micro de l'émission de radio de la NBC *The Kraft Music Hall*. Le 29 mai 1942, Bing Crosby enregistre, avec le John Scott Trotter Orchestra et les Ken Darby Singers dans les studios Decca, cette chanson écrite et composée par le légendaire Irving Berlin (1888-1989). Quelques mois plus tard, il la chante en duo avec Marjorie Reynolds dans le film de Mark Sandrich, *Holiday Inn*. *White Christmas* se voit décerner l'oscar de la meilleure chanson dans un film. Le 3 octobre 1942, le titre entre dans le palmarès des meilleures ventes. Le 31 octobre, il accède à la première place du classement. En plein conflit, les GI's et leurs familles sont assurément sensibles à la nostalgie des paroles. À la fin de la Seconde Guerre mondiale, *White Christmas* se révèle déjà le disque le plus vendu de tous les temps.

Noël 1945, Noël 1946, Noël 1947 : le titre se hisse, chaque année, au sommet des hits. L'enregistrement de 1942 ayant été endommagé, Bing Crosby entre de nouveau en studio le 19 mars 1947. Commercialisé en single, intégré en 1949 dans la compilation « Merry Christmas », le morceau d'Irving Berlin se mue en authentique phénomène… La chanson revient au cinéma, en 1954, dans le film éponyme de Michael Curtiz, réunissant Bing Crosby et Danny Kaye.

Crooners – Frank Sinatra (1944), Tony Bennett (1967)… –, jazzmen – Charlie Parker (1948), Louis Armstrong (1952)… –, rockers – Elvis Presley (1957)… –, ou pop stars – Beach Boys (1964)… –, *White Christmas* est devenu un titre incontournable pour les vedettes américaines et un record planétaire inégalé avec plus 100 millions d'exemplaires vendus !

Déjà auteur de l'adaptation de *Jingle Bells* – avec *Vive le vent* –, Francis Blanche signe la version française de *White Christmas*. *Noël blanc* sera notamment enregistré par Jean Sablon (1949) – l'idole et le modèle de Frank Sinatra –, André Claveau (1954), Dalida (1960), Luis Mariano (1961), Les Compagnons de la chanson (1966), Mireille Mathieu (1969)…

from
IRVING BERLIN'S
White Christmas
IN VISTAVISION
STARRING
BING CROSBY
DANNY KAYE
ROSEMARY CLOONEY
VERA-ELLEN
PRODUCED BY ROBERT EMMETT DOLAN
DIRECTED BY MICHAEL CURTIZ
COLOUR BY TECHNICOLOR
A Paramount Picture
Songs from the Film
Price 2/- net each
WHITE CHRISTMAS
COUNT YOUR BLESSINGS INSTEAD OF SHEEP
LOVE, YOU DIDN'T DO RIGHT BY ME
THE BEST THINGS HAPPEN WHILE YOU'RE DANCING
SISTERS • THE OLD MAN
SNOW • CHOREOGRAPHY
WHAT CAN YOU DO WITH A GENERAL
GEE, I WISH I WAS BACK IN THE ARMY
Piano Selection 3/- net
IRVING BERLIN LTD.
14 ST. GEORGE STREET, LONDON, W.1
IRVING BERLIN
MUSIC CORPORATION
1650 BROADWAY, NEW YORK 19 N.Y.
3095
2/- NET
MADE IN ENGLAND

IRVING BERLIN'S
White Christmas IN VISTAVISION
COLOR BY TECHNICOLOR
STARRING BING CROSBY · DANNY KAYE
ROSEMARY CLOONEY · VERA-ELLEN
with DEAN JAGGER · Lyrics and Music by IRVING BERLIN
Produced by Robert Emmett Dolan · Directed by MICHAEL CURTIZ
Dances and Musical Numbers Staged by Robert Alton
Written for the screen by Norman Krasna, Norman Panama and Melvin Frank · A PARAMOUNT PICTURE

Petit papa Noël

Quatre ans après Irving Berlin, le compositeur marseillais Henri Martinet (1909-1985) et le parolier Raymond Vincy (alias Raymond Ovanessian) – futur librettiste attitré de Francis Lopez pour les opérettes de Luis Mariano – concoctent, à leur tour, un autre standard : « Petit papa Noël »... Le morceau va devenir un classique, la chanson que tous les enfants fredonnent, que toutes les familles reprennent. Les Français la découvrent en 1946 dans le film de Richard Pottier, *Destins*. Son interprète, Tino Rossi, enchaîne, depuis 1934, les succès sur disque et à l'écran. Des chansons de Noël, Tino en a enregistré depuis ses débuts : *Noël en mer* (1934), *Veni d'Ousi* (1934), *Trois anges sont venus ce soir* (1939), *Ave Maria* (1938) de Gounod et *Ave Maria* (1941) de Schubert, *Credo* (1942). Mais Martinet, Vincy et l'orchestre de Raymond Legrand lui offrent là un « tube », à l'avenir encore insoupçonnable ! Couplé avec le slow-fox *Destins* sur le 78 tours 25 cm Columbia (LF 232) à l'étiquette bleue, il attire immédiatement les faveurs d'un large public. Nouvel enregistrement en 1948 : les ventes ne faiblissent pas. Au contraire. Avisés, les producteurs n'hésitent pas, en 1952, à lui offrir un second écrin au cinéma. Acteur principal du film de Jacques Daniel-Norman, *Son dernier Noël*, Tino Rossi interprète une nouvelle fois *Petit papa Noël*, suscitant dans les salles obscures une émotion que petits et grands partagent. Émotion qu'ils retrouvent à domicile grâce aux précieux microsillons... Cette année-là, Tino Rossi en profite pour graver deux autres titres : *Petite Étoile de Noël* et *Le Bonhomme de neige*. Et Marie-France, la jeune actrice du film, enregistre à son tour *Berceuse de Noël* (1952).

Évolution technique aidant, *Petit papa Noël* paraît en 1956 sur le 33 tours 25 cm Columbia « Nuit de Noël », et en 45 tours, sur le EP 4 titres « Noëls de France », avec *Minuit chrétien*, *Trois anges sont venus* et *Noël en mer*. En 1960, le 45 tours s'étoffe d'un livret, les enfants bénéficient désormais d'un livre-disque intitulé *Tino chante Noël*.

Septembre 1966, le 33 tours 25 cm se mue en 33 tours 30 cm. Noël 1969, le *Petit papa Noël* – version 1948 – se voit commercialisé en musicassette... Lors du cinquantième anniversaire de sa carrière, Tino Rossi en profite pour poser en Père Noël. À l'occasion des fêtes de 1974, 1977 et 1978, 33 tours et 45 tours connaissent ainsi de nouvelles pochettes... Le disque ainsi réédité et régulièrement mis au goût du jour bat, chaque année, des records de vente jusqu'à atteindre le score exceptionnel de 30 millions d'exemplaires – dont 22 dans l'Hexagone – et devient la plus vendue de toutes les chansons françaises ! Comme le constata le latin lover d'Ajaccio : « Toute ma vie, j'ai interprété des chansons d'amour, mais mon plus grand succès est un thème pour enfants ! »

NOËL BRÉSILIEN
LE PETIT DIABLE
MON NOËL
LETTRE AU PAPA NOËL
Columbia
TINO ROSSI chante NOËL
Columbia
ESVF 1006
NOËL EN MER
PETIT PAPA NOËL
TINO ROSSI
TINO ROSSI
dans un film de
JACQUES DANIEL NORMAN
Noëls de France
MINUIT, CHRÉTIENS
3 ANGES SONT VENUS
NOËL EN MER
PETIT PAPA NOËL
Tino Rossi
Columbia
ESVF 1006 ARTISTIQUE
SON DERNIER NOËL
avec MARIE FRANCE · GEORGES POUJOULY
TINO ROSSI
"C'est la belle nuit de Noël"...
PETIT PAPA NOËL
DOUCE NUIT
NOËL BLANC
MON BEAU SAPIN
BERCEUSE de Brahms
VIVE LE VENT...
EMI
Columbia
TINO ROSSI
ESVF 1040
LETTRE AU PAPA NOËL
LE PETIT DIABLE

Un marché florissant

Je ne crois plus au Père Noël chante, en 1945, Lucienne Boyer. Les maisons de disque croient, en revanche, au potentiel lucratif des fêtes de la Nativité et à l'évocation du géant à barbe blanche. À la suite du succès de Tino Rossi, les enregistrements se multiplient chaque automne, et les ondes diffusent à satiété ces ritournelles poétiques. *Papa Noël* (1947) de Robert Ripa, *La Grève des anges* (1947) de Jacqueline Ricard, *Mon beau sapin* (1947) des Quatre Barbus, *Bonjour Noël* (1948) de Ginette Giner, *Petit papa Noël* (1949) de Jean Navarre, *Vive le vent* (1949) de Lucien Jeunesse, *Jours de neige* (1949) de Henri Decker, *Noël de paix* (1950) de Bruno Clair, *Le Noël des sept nains* (1950) de Roger Minier, *Décembre* (1950) de Lucienne Dugard, *Pour Noël* (1950) des Djinns, *Le Petit Ours* (1951) de Félix Leclerc, *Neige blanche* (1952) de Jill et Jan, *Noël* (1952) de Jacqueline Duboue, *Petite Étoile de Noël* (1952) de Mado Robin, *Bonhomme Noël* (1952) de Maria Corté, *Douce nuit* (1953) de Yvette Giraud, *Noël alsacien* (1954) de Jacqueline Valois ou *Minuit chrétiens* (1954) de Christian Juin... Chants traditionnels et compositions inédites se disputent les faveurs des familles.

La célébration de Noël confine presque à la figure imposée. Les grandes vedettes du music-hall français répondent à l'appel, les unes après les autres... Lucienne Delyle – *Noël est en voyage* (1949) –, Jacqueline François – *À Noël* (1949) –, les sœurs Étienne – *Le Petit Renne au nez rouge* (1950) –, Édith Piaf – *Le Noël de la rue* (1951) –, Bourvil – *Le Petit Sapin* (1952) –, Charles Trenet – *Chanson pour Noël* (1953) –, ou André Claveau – *Chanson de Noël* (1953)...

En 1954, l'actualité de Mick Micheyl – *La Légende des santons* – ou de Michèle Arnaud – *La Neige sur la ville* – démontre que les chanteuses « rive gauche » se prêtent, elles aussi, à l'exercice, à l'heure où le rock'n roll secoue déjà les hits parades américains...

En 1957, l'Amérique découvre « A Jolly Christmas from Frank Sinatra », un album du plus célèbre des crooners entièrement consacré à la célébration de Noël, où l'on retrouve *The Christmas Waltz* ou *It Came Upon a Midnight Clear*. Une tradition outre-Atlantique à laquelle celui que l'on surnomme « The Voice » n'échappe pas. Tous les grands artistes, comme les moins grands, se plaisent à reprendre quelques-uns des standards du genre, le plus souvent associés à des compositions originales... Bing Crosby, Nat King Cole, Dean Martin, Doris Day, Peggy Lee... sans oublier Gene Autry, le plus célèbre cow-boy chantant de Hollywood, qui vendit, lui aussi, des millions de *Christmas Songs*...

En cette année 1957, Elvis Presley endosse, à son tour, l'habit rouge... Le temps de graver « Elvis' Christmas Album ». Aux côtés de quelques classiques – *Blue Christmas*, *Silent Night*... – le King offre *Santa Claus Is Back in Town* de Leiber et Stoller, le premier chant de Noël de l'histoire du rock'n roll. Outré de voir son *White Christmas* sur cet album, le compositeur et parolier Irving Berlin écrivit aux stations de radio pour en empêcher ou du moins en limiter la diffusion, en qualifiant notamment cette version de « vulgaire et irrespectueuse » ! En vain...

Le disque de Noël

En France, le principe des albums de Noël trouve des adeptes. Tino Rossi a fait des émules. Armand Mestral (1955), Paulette Rollin (1956), Henri Salvador (1957), Gloria Lasso (1959), Maria Candido (1959), Dalida (1960), Charles Aznavour (1961), Luis Mariano (1961), Yvette Giraud (1962), Petula Clark (1963) ou Jean Sablon (1963) rivalisent à leur tour en EP 4 titres ! En 25 cm, 30 cm ou Super 45 tours, Les Compagnons de la chanson ont d'ailleurs, et depuis longtemps, mesuré les bénéfices de l'entreprise. Et le succès, en 1963, des « Compagnons de la chanson chantent Noël » – sur lequel figurent Douce nuit, Mon beau sapin, Il est né le divin enfant et Deux souverains princes –, entraîne la sortie, l'année suivante, de « Noëls modernes », où l'on retrouve Entends ce message, Le Premier Noël, Amis, mes frères et Noël est partout. Le Super 45 tours 4 titres de Noël est un passage obligé, en ces années, pour tous les chanteurs ou presque, à commencer par les yéyés…

Le Noël des copains

À l'heure où François Deguelt – *C'est Noël à Paris* (1960) – ou Georges Brassens – *Le Père Noël et la petite fille* (1960) – bercent les veillées familiales, les yéyés monopolisent Teppaz et transistors. La « nouvelle vague » s'invite naturellement pour les fêtes de fin d'année ! Qui aurait imaginé, quelques mois plus tôt, que les copains allaient s'adonner à ces mélodies plus ou moins douces ? Le 24 novembre 1961, les adolescents découvrent un 45 tours à l'improbable pochette. Eddy Mitchell et les Chaussettes noires – William Benaïm (guitare solo), Tony d'Arpa (guitare rythmique), Aldo Martinez (guitare basse) et Jean-Pierre Chichportich (batterie) – habillés en pères Noël ! *Le Twist du Père Noël*, *Noël de l'an dernier* et *Noël de France*, accompagnés de *Vivre sa vie*, composent le programme. Le rock français vibre le temps d'un hiver…
Au même moment, Chris Caroll – et son EP « Rock de Noël » (1961) –, Richard Anthony (1961) ou Les Satellites (1962) ouvrent une voie royale aux yéyés : Alice Donna – *Noël des copains* (1963) –, Claude François – *En rêvant à Noël* (1963) –, Violaine – *Douce nuit, sainte nuit* (1963) –, Christophe – *Noël* (1965) – ou Sylvie Vartan – *Noël sans toi* (1966)… En cette année 1966, *La Fille du Père Noël* de Jacques Dutronc – sur des paroles de Jacques Lanzmann – constitue un chant du cygne ! La variété française a, depuis longtemps, repris le dessus sur les éphémères et salutaires tentatives de révolte électrique.

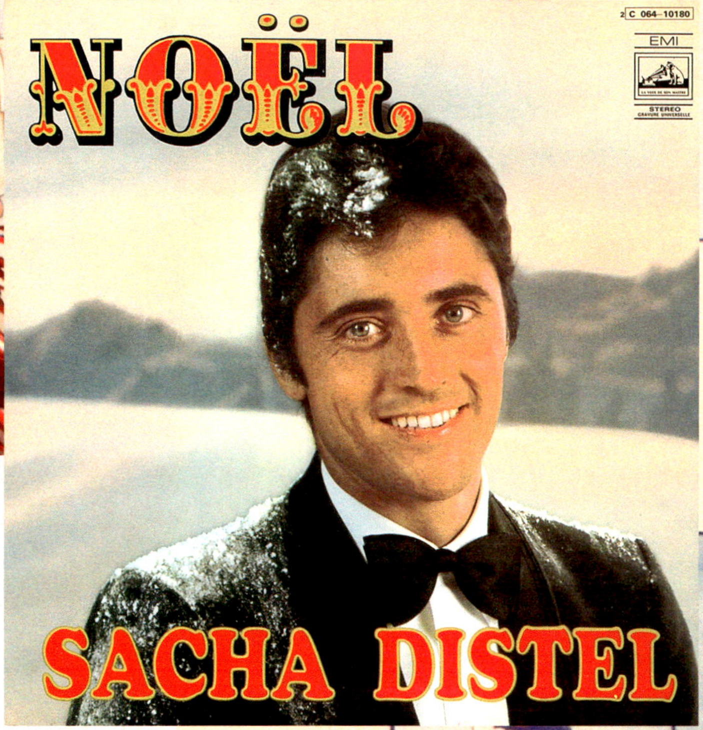

Tino Rossi, André Dassary, Jean Sablon ou Luis Mariano : les « disques de Noël » demeuraient l'apanage des chanteurs à la voix puissante ou de velours. La vague yéyé a chamboulé le paysage musical et l'industrie du disque dans l'Hexagone. Noël se « modernise ». Les disques religieux ou traditionnels voisinent désormais, chaque année, avec des nouveautés – parfois pour le moins étonnantes… – dans les bacs des disquaires.

L'arrivée d'une deuxième chaîne de télévision, la multiplication des émissions de variétés – de Guy Lux aux Carpentier –, et le « matraquage » – technique de marketing radiophonique consistant à multiplier les diffusions d'un même titre – stimulent les « vocations » : Pierre Perret – *Noël avant terme* (1964) et *Mère Noël* (1971) –, Hervé Vilard – *Comme si c'était Noël* (1967) –, Sacha Distel – *Je reviendrai chez nous à la Noël* et *Noël blanc* (1968), *Petit papa Noël* (1969) – , Enrico Macias – *Souviens-toi des Noëls de là-bas* (1963) et *Noël à Jérusalem* (1968) –, Claude François – *C'est Noël et j'aurai tout ça* et *Les Roses de Noël* (1970) –, Carlos – *Le Père Noël a disparu* (1970) et *Le Père Noël du supermarché* (1978) –, Les Poppys – *Noël 70* (1970) –, Zaza – *Le Père Noël est un hippie* (1970) –, Roméo – *Petit papa Noël* (1973) –, Johnny Hallyday – *Noël interdit* (1973) –, Gérard Lenorman – *C'est le Noël du monde* (1974) –, Frédéric François – *C'est Noël* (1975)… Chanteurs à minettes, crooners, fantaisistes ou talents en herbe… Tous tentent leur chance à l'approche des fêtes !

Le thème, porteur, donne même naissance à des « concept » albums. Mireille Mathieu (1969), Sacha Distel (1969), Nana Mouskouri (1973), Mannick et Jo (1975), Johnny Mathis (1976), Jairo (1980) ou Karen Cheryl (1984)… 45 tours et 33 tours se disputent les faveurs d'un public que sollicite toujours un peu plus la société de consommation.

Noël au cinéma : un siècle de magie

Inventé en 1895 par les frères Lumière, le cinéma n'a pas tardé à embrasser le thème de Noël… Georges Méliès, le premier magicien du septième art, réalise, en 1900, *Le Rêve de Noël*. Son homologue et concurrent chez Pathé, Ferdinand Zecca, lui emboîte le pas, deux ans plus tard, avec *Un conte de Noël* (1902). Santa Claus, le Père Noël américain, les a pourtant devancés ! *Santa Claus Filling Stockings* (1897) ; *Santa Claus and the Children* (1898) ; *Santa Claus' Visit* (1900) ; *Waiting for Santa Claus* (1901) ; *A Little Girl Who Did Not Believe in Santa Claus* (1907) de J. Searle Dawley et Edwin S. Porter ; *An Unexpected Santa Claus* (1908) de Edwin S. Porter ; *A Trap for Santa Claus* (1909) ; *A Reformed Santa Claus* (1911) ; *Santa Claus and the Clubman* (1911) ; *A Cracksman Santa Claus* (1913) de Willis Robards ; *The Detective Santa Claus* (1913) ; *Doc Yak and Santa Claus* (1914) de Sidney Smith ; *Mr. Santa Claus* (1914) de George Ridgwell ; *The Adventure of the Wrong Santa Claus* (1914) ; *Santa Claus vs. Cupid* (1915) de Will Louis…

Aux États-Unis, le mythe bénéficie d'une industrie naissante, mais déjà en pleine expansion du côté d'Hollywood. La production française excelle, en ces années, dans le domaine du burlesque. Les sobriquets habillent les vedettes. Gribouille ou Boireau (André Deed), Onésime (Ernest Bourbon) ou Rigadin (Charles Prince) suscitent l'hilarité des spectateurs réunis dans les baraques foraines ou dans les arrière-salles des bistros. *Le Noël de Gribouille* (1910), *Le Noël d'Onésime* (1913) de Jean Durand… L'humour et le rêve font bon ménage.

Le personnage du Père Noël n'a pas encore phagocyté la représentation symbolique des fêtes de la Nativité. Les réalisateurs français font donc preuve d'une grande imagination. Au fil des ans, on découvre *Le Noël de Colette* (1908) de Victorin-Hippolyte Jasset ; *Le Noël du peintre* (1910) de Georges Monca ; *Le Noël de grand-mère* (1910) de Léonce Perret ; *Le Noël du chemineau* (1911) de Camille de Morlhon ; *Le Noël du cambrioleur* (1916) de Jacques de Baroncelli.

Louis Feuillade, parallèlement à ses géniales adaptations des aventures de Fantômas ou à ses *Vampires* – avec Musidora –, enchaîne avec régularité des films de Noël pour la Gaumont, la célèbre firme à la marguerite. Feuillade imagine ainsi *Le Noël de l'ouvrier* (1907), *Le Noël du vagabond* (1909), *Le Noël de Bébé* (1911), *Le Noël de Francesca* (1912), *Le Noël de Bout-de-Zan* (1914), et temps de guerre oblige, *Le Noël du poilu* (1915).

Le Noël d'Yveline (1918) de Georges-André Lacroix ou *Le Noël du père Lathuile* (1922) de Pierre Colombier prolongent pour un temps la tradition.

L'assassinat du Père Noël

À Hollywood, Santa Claus ménage ses dernières apparitions – A Hard Luck Santa Claus *(1920) de Bud Fisher ou* There Ain't No Santa Claus *(1926) de James Parrott – juste avant l'arrivée du parlant. Curieusement, le Père Noël s'éclipse des écrans. Scénaristes, réalisateurs et surtout producteurs délaissent le thème de Noël pendant près d'une vingtaine d'année ! Retour programmé d'un – faux – Père Noël en France sous l'occupation ! Après* Les Disparus de Saint-Agil *(1938), le réalisateur Christian-Jaque adapte, en 1941, un autre roman de Pierre Véry,* L'Assassinat du Père Noël *(1934). La féerie des villages montagnards sous la neige, un instituteur anti clérical (Robert Le Vigan), un châtelain (Raymond Rouleau) suspecté d'être atteint de la lèpre, la mère Michel (Marie-Hélène Dasté) qui cherche son chat, et Cornusse (Harry Baur), un marchand de mappemondes qui se déguise en Père Noël pour le plaisir des enfants… L'étrange, l'insolite et le mystère sont au rendez-vous. Christian-Jaque et Pierre Véry offrent un film magique, un classique du « réalisme poétique ».*

ET JOUETS
Une Realisation de
CHRISTIAN JAQUE
Musique Henry VERDUN
HARRY BAUR
Renée FAURE
Raymond ROULEAU
Fernand LEDOUX
Jean PAREDES
Marie Helene DASTE
Robert le VIGAN
Jean BROCHARD
Helena MANSON
L'ASSASSINAT DU PÈRE NOËL

L'industrie du divertissement

À Hollywood, la comédie musicale s'empare enfin du thème de Noël, les fêtes de décembre se muent peu à peu en cadre scénaristique. Metteur en scène émérite de *musicals* – on lui doit notamment *Top Hat* (1935) –, Mark Sandrich réunit, en 1942, Fred Astaire et Bing Crosby dans *Holiday Inn*. Le compositeur Irving Berlin signe la bande originale. À l'heure de l'entrée en guerre des Américains, *White Christmas*, que Bing Crosby interprète pour la première fois, devient immédiatement un standard. Au lendemain du conflit, Tino Rossi poursuit sa double carrière de chanteur et de comédien. En 1946, il tourne pas moins de trois films. Dans l'un d'eux, *Destins* de Richard Pottier, il entonne *Petit Papa Noël*. Succès fulgurant.

L'année suivante, le Père Noël effectue son grand retour aux États-Unis. *Miracle on 34th Street* de George Seaton avec John Payne, Maureen O'Hara et une jeune actrice âgée d'à peine 9 ans, Natalie Wood. Le scénario associe, avec malice, deux pères Noël, un faux et un vrai ! Un faux Père Noël, employé par un grand magasin new-yorkais pour divertir les enfants, s'avère être un authentique ivrogne. Retrouvé saoul devant l'enseigne le soir de la parade de Thanksgiving, il est remplacé au pied levé par un vieux monsieur jovial doté d'une grande barbe blanche. À l'issue d'un script riche en émotions, le vieux monsieur – qui prétend être le Père Noël! – se révèle comme étant le vrai Santa Claus.

Miracle on 34th Street devint, lui aussi, un classique qui donna d'ailleurs lieu à quatre remakes (1955, 1959, 1973 et 1994).

Les Américains mesurent rapidement les bénéfices potentiels de l'évocation des fêtes de fin d'année. *A Christmas Carol* (1843) de Charles Dickens – publié en français sous les titres *Un chant de Noël*, *Cantique de Noël*, *Chanson de Noël* ou *Conte de Noël* – a ainsi donné lieu à un film (1951) et à une multitude de téléfilms (1943, 1947, 1949, 1950, 1953, 1970, 1971, 1977, 1981, 1982, 1984, 1994, 1997, 1999 et 2004). Associant le cinéma, la télévision et l'industrie du disque aux grandes marques et enseignes commerciales, l'*entertainment* tire profit de toutes les déclinaisons et produits dérivés possibles. En 1954, Bing Crosby revient chanter *White Christmas*, entouré de Danny Kaye, Rosemary Clooney et Vera-Ellen, dans un film de Michael Curtiz intitulé *Noël blanc* (*White Christmas*) ! Plus modestement, les producteurs français avaient proposé la même chose à Tino Rossi, deux ans plus tôt. *Son dernier Noël* de Jacques Daniel-Norman lui offrait

l'opportunité de reprendre *Petit Papa Noël* pour le plus grand bonheur des enfants.

Les fêtes de Noël susciteront désormais deux types de longs métrages.

Tout d'abord, les comédies ou films fantastiques construits autour des mésaventures de vrais ou faux Santa Claus : *La Môme boule de gomme* (*The Lemon Drop Kid* – 1951) de Sidney Lanfield, *Le Père Noël contre les Martiens* (*Santa Claus Conquers the Martians* – 1964) de Nicholas Webster, *Le Père Noël est une ordure* (1982) de Jean-Marie Poiré, *J'ai rencontré le Père Noël* (1984) de Christian Gion, *Joyeux Noël* (*Mixed Nuts* – 1994) de Nora Ephron, *Super Noël* (*The Santa Clause* –1995) de John Pasquin et *Super Noël 2* (*The Santa Clause 2* – 2002) de Michael Lembeck, *Le Père Noël contre le Bonhomme de neige* (*Santa Claus vs The Snowman* – 2005) de John A. Davis…

Puis les scénarios utilisant les festivités en toile de fond : *L'Arbre de Noël* (1968) de Terence Young, *36 15 code Père Noël* (1989) de René Manzor, *Maman, j'ai raté l'avion* (*Home Alone* – 1990) et *Maman, j'ai encore raté l'avion* (*Home Alone 2* – 1992) de Chris Columbus, *Allô maman c'est Noël* (*Look Who's Talking Now* – 1993) de Tom Ropelewski, *La Course au jouet* (*Jingle All the Way* – 1996) de Brian Levant, *La Bûche* (1999) de Danièle Thompson, *Le Grinch* (*How the Grinch Stole Christmas* – 2000) de Ron Howard, *Piège fatal* (*Reindeer Games* – 2000) de John Frankenheimer, *Harry Potter et la chambre des secrets* (*Harry Potter and the Chamber of Secrets* – 2002) de Chris Columbus, *Éloïse fête Noël* (*Eloise at Christmastime* – 2003) de Kevin Lima, *Un Noël de folie !* (*Christmas with the Kranks* – 2004) de Joe Roth, *Joyeux Noël* (2005) de Christian Carion, *Voisin contre Voisin* (*Deck the Halls* – 2007) de John Whitesell, *Un conte de Noël* (2007) d'Arnaud Desplechin…

24 images par seconde

Concurrent historique des studios Disney, la Metro-Goldwyn-Mayer (MGM) produisit, elle aussi, une poignée d'autres pépites : Toyland Broadcast (1934) de Rudolph Ising, The Captain's Christmas (1938) – une aventure des Katzenjammers Kids, les fameux Pim Pam Poum… et de leur souffre-douleur, le capitaine –, ou One Ham's Family (1943) du génial Tex Avery… En 1941, les pères de Tom et Jerry, William Hanna et Joseph Barbera, signèrent à leur tour chez MGM The Night Before Christmas.
Au lendemain de la Seconde Guerre mondiale, le Tchèque Karel Zeman réalise – avec son frère Borivoj –, son premier film, Rêve de Noël (Vánocní sen), une merveille primée au Festival de Cannes. Commercialisé en France au format 8 mm puis Super 8 par la maison Film Office – spécialisée dans l'édition et la vente d'extraits de films ou de courts métrages destinés aux projections familiales à domicile –, le chef-d'œuvre de Zeman symbolisa pour plusieurs générations d'enfants, le film d'animation de Noël par excellence…

L'ami public n°1

Dans la mémoire collective, le nom de Walt Disney demeure indissociable des fêtes de Noël. À cela, deux raisons... La sortie, à pareille époque, d'un long métrage au cinéma, et la diffusion le 24 décembre, sur la première chaîne de télévision, de *L'Ami public n°1*, une émission d'extraits « à la demande » pour les plus jeunes, présentée par Pierre Tchernia, que des enfants encore candides confondaient souvent avec Walt Disney en personne... Des années durant, Tchernia enchanta ainsi des générations de chérubins.

En ces années, en effet, il n'y avait pas cinq ou six films d'animation par an dans les salles de cinéma ! La maison Disney diffusait un titre en fin d'année, une nouveauté tous les trois ou quatre ans, en alternance avec la reprise de « grands classiques »...

En revisitant la filmographie des studios Disney, on sera sans doute surpris par le faible nombre de titres mettant en scène Mickey et ses amis sur fond de fêtes de Noël !

Une poignée de courts métrages – *L'Atelier du Père Noël* (*Santa's Workshop* –1932) ; *La Nuit de Noël* (*The Night Before Christmas* – 1933) ; *L'Arbre de Noël de Pluto* (*Pluto's Christmas Tree* – 1952)... –, une incontestable magie et un savoir-faire sans égal en matière de marketing auront suffi à lier à jamais les joies de décembre à la griffe Disney.

En 1983, les célèbres studios adaptent avec *Le Noël de Mickey* (*Mickey's Christmas Carol*), *Un chant de Noël* de Charles Dickens : le moyen métrage renoue avec la tradition...

La démocratisation de la vidéocassette préenregistrée au format VHS, devenue à partir des années 1980 un cadeau à offrir pour petits et grands, et du DVD quelques années après, entraîne la mise sur le marché de compilations sur le thème de Noël, mêlant habilement courts métrages anciens, extraits de « grands classiques » et histoires nouvelles.

Walt Disney Pictures – via sa filiale Touchstone – et Skellington Inc. produisent, en 1993, un authentique ovni cinématographique avec *L'Étrange Noël de monsieur Jack* (*The Nightmare Before Christmas*)...

Assistant animateur chez Disney, à la fin des années 1970, Tim Burton fut un jour invité par l'un des dirigeants de la compagnie à développer quelques projets personnels. Il proposa l'idée d'un long métrage autour de la fête d'Halloween. On lui demanda un essai, il réalisa *Vincent*, un court métrage de six minutes. Souvent récompensé, le film dérouta néanmoins la direction. Burton élabora ensuite *The Nightmare Before Christmas*, il multiplia les croquis et les story-board de séquences entières sans parvenir à convaincre ses interlocuteurs. À la fin des années 1980, Burton, devenu le cinéaste à succès de *Batman*, rencontre les nouveaux dirigeants de Disney. Accord scellé. Tim Burton s'associe alors au spécialiste de l'animation Harry Selick. Jack Skellington créa la marionnette de Jack. Le film sortit en France quinze jours après *Le Roi lion*. 10 millions de spectateurs pour le roi de la jungle, 700 000 pour celui d'Halloween. Des deux, un seul pourtant est devenu culte...

METRO

GALERIES LAFAYETTE
Sourire
Désirer
Oser
Tendresse
Séduire
Adorer
Aimer

Sources des Illustrations

En dépit de nos recherches, il nous a été impossible d'établir les crédits dans certains cas. Nous invitons les auteurs et/ou ayants droits à prendre contact avec nous.

Couverture: © Getty images. / Rabat 1: Dessin Philippe Daure © Copyright Francine Daure. / P. 1: © Flammarion/ Sophie Raue. / P. 6 & 7: © Flammarion/ Sophie Raue. / P. 8 hg: Vignette Père Noël, s.d. / P. 8 hd: Jean de Brunhoff, *Babar et le Père Noël*, L'École des loisirs, 1981. / P. 8 mg: Jean Image, *L'aventure du Père Noël*, Ray, 1960. / P. 8 md: Illustration de Jeanne Hives *in* Enyd Blyton, *Oui-Oui et le Père Noël*, Hachette, 1966. / P. 8 bd: *Burda Spécial Noël*, 1983. / P. 8 bm: Illustration de Luce Lagarde *in* Georges Chaulet, *Mémoires du Père Noël*, Georges Chaulet, GP, 1961. / P. 8 bd: «13 images à découper pour vos cartes de vœux», in *Prima*, s.d. / P. 9 h: Catalogue La Samaritaine, «Jouets Étrennes», 1940. / P. 9 bg: Coll. Particulière / P. 9bd: *Burda* Special Noël, s.d. / P. 10 hg: Carte postale «Vive St Nicolas», Fox Paris, n°6400, s.d. / P. 10 hd: Carte postale «Joyeux Noël», SAPI Paris, n°2188, s.d. / P. 10 b: (anonyme), «Saint Nicolas venu du ciel» *in* William Sansom, Les Noëls du monde, Arthaud, 1970. / P. 11 h: Tintoretto 1518-1594, *St. Nicholas*, Kunsthistorisches Museum Vienna. / P. 11 b: Saint Nicolas/ Imagerie d'Épinal. / P. 12 h: Coll. Particulière. / P. 12 m: Dessins de Léon Roze. / P. 12 b: Illustration de René Vincent *in* Catalogue Le Printemps, «Un Noël lorrain au Printemps Paris», 1912. / P. 13 h: Carte postale «Vive St Nicolas», Bleuet Paris, n° 484, s.d. / P. 13 bg: Kathrin Siegenthaler, illustrations de Marcus Pfister, *Saint Nicolas et le bûcheron*, Nord-Sud, 1989. / P. 13 bd: Éléonore Schmid, *Le Petit Loir qui voulait rencontrer saint Nicolas*, Nord-Sud, 1989. / P. 14 h: *Motor*, décembre 1937. / P. 14 bg: *Christmas Holiday Stories*, © McLoughlin Brothers, New York, 1899. / P. 14 bd: The Ladies'Field, illsutration de A. Garth Jones, 1901. / P. 15 hg: © Paul Colangelo/Corbis. / P. 15 hg: © Paul Colangelo/Corbis. / P. 15 hm: © Eleanor Bentall/Corbis. / P. 15 hd: © Mark Read/Corbis. / P. 15 m: Menlo Park Mall, New Jersey, 1995. / P. 15 b: «Tous les Noëls du monde» in *La vie au féminin*, 25.12.1998. / P. 17 h: © Collection Alfredo Dagli Orti/Culver Pictures/Culver Pictures. / P. 17 b: «A Merry Christmas», s.d. / P. 18: Publicité *in* Le Printemps Paris, «Un Noël lorrain», c. 1920. / P. 19 hg: © AKG Images. / P. 19 hd: © AKG Images. / P. 19 bg: © Kevin Fleming/Corbis. / P. 19 bd: © Haddon Sunbloom/Corbis. / P. 20 hg: © Bettmann/ Corbis. / P. 20 hd: © Swim Ink 2, LLC/Corbis. / P. 20 bg: Illustration de Jijé *in Le Journal de Spirou*, noël 1944. / P. 20 bd: © Ron Sachs/CNP/Corbis. / P. 21 h: Catalogue Aux Trois Quartiers, c. 1950. / P. 21 m: © Jack Moebes/Corbis. / P. 21 b: Catalogue Le Bon Marché, 1952. / P. 22-23: © Files/AFP. / P. 22 h: © Jean Cocteau – Courtesy Dominique Marny. / P. 24 m: Affiche Noël Galeries Lafayette, s.d. / P. 24 bg: Photo de Pierre Fournier in *Music-Hall*, n°35, décembre 1957. / P. 24 bm: Grégoire Solotareff, *Quand je serai grand je serai le Père Noël*, L'École des loisirs, 1988. / P. 24 bd: «Faut-il lui faire croire au Père Noël ?», *Prima*, n°135, décembre 1993. / P. 25 hg: Dessin adapté du *Silly Symphonies* de Walt Diney in Walt Disney (Dessins), Madeleine Du Genestoux (texte), *Les Jouets De Noël*, Hachette, 1935. / P. 25 hm: Ibid. / P. 25 hd: © La Poste. / P. 25 bg: © La Poste. / P. 25 bd: © La Poste. / P. 26-27: Carte postale «Noël de Bretagne. Arrivée du Tad Nedelec chez les Enfants méchants», Collection Villard, Quimper, s.d. / P. 26 m: © AKG Images. / P. 26 bg: Tableau «St Rupenefht, St Nikolaus», de Crom-Rottmayer, 1905. / P. 26 bd: © AKG Images. / P. 27 g: Coll. Particulière. / P. 27 d: *Burda Spécial Noël*, op cit. / P. 28 h: Illustration «Chez le bonhomme Noël», s.d. / P. 28 m: © Fine Art Photographic Library/Corbis. / P. 28 bg: © PoodlesRock/Corbis. / P. 28 bd: © PoodlesRock/Corbis. / P. 29 hg: Dessin adapté du *Silly Symphonies* de Walt Diney in Walt Disney (Dessins), Madeleine Du Genestoux (texte), *op. cit.* / P. 29 hd: © PoodlesRock/Corbis. / P. 29 bg: Coll. Particulière. / P. 29 bd: Vignette Père Noël, s.d. / P. 30: Illustration de l'Atelier de Walt Disney in Walt Disney, *Donald fête Noël*, Hachette, 1961. / P. 31 h: © Flammarion. / P. 31 b: Carte postale, Union postale universelle, s.d. / P. 32-33: © Billross/Corbis. / P. 32 m: «Le jeu des prophètes et l'âne de Baalam à la cathédrale de Rouen», gravure XVIIIe siècle *in* Volberg, *Noëls de France*, p. 45. / P. 32 b: © Gary Braasch/Corbis. / P. 33: © Paul A. Souders/Corbis. / P. 34: (Anonyme) *in* William Sansom, *op. cit.* / P. 35: Illustration «Le Premier Arbre de Noël» de Joseph Kelbner (1800) in William Sansom, *op. cit.* / P. 36: Illustration de Henri Faivre *in* Charles Dickens, *Contes de Noël*, Hachette, 1936. / P. 37 hg: Illustration de Marcel Tillard *in* Hans Christian Andersen, *La Reine des neiges*, Fernand Nathan, 1965. / P. 37 hd: Charles Dickens, *Un Chant de Noël*, Deux Coqs d'or, collection Mot de passe, 1995. / P. 37 m: Charles Dickens, *Contes de Noël*, Hachette, 1936. / P. 37 bg: Charles Dickens, *Un Chant de Noël*, Deux Coqs d'or, 1995. / P. 37 bm: Charles Dickens, *Contes de Noël*, Hachette, 1985. / P. 37 bd: Charles Dickens, *Un Conte de Noël*, Idéal-Bibliothèque, 1986. / P. 38 h: Décoration de Noël, Le Printemps Paris, 2006. / P. 38 m: Bloomingdale's, New York, 1995. / P. 38 b: «Tendance», *Prima*, n°243, décembre 2002. / P. 39 hg: Publicité «Éclairages d'arbres de Noël…», Ets Paz et Silva, s.d. / P. 39 hm: Ibid. / P. 39 hd: Ibidem. / P. 39 m: Vitrine Galeries Lafayette, Paris, 1968. / P. 39 b: *Le Journal illustré*. / P. 40: © Larry Williams/ Zefa/Corbis. / P. 41 h: © Hulton-Deustsch Collection/Corbis. / P. 41 bg: © William Manning/Corbis. / P. 41 bd: © Gary Braasch/Corbis. /P. 42 h: *Modes et Travaux*, Dossier décoration, «Il était une fois un arbre de Noël», «années 20», s.d. / P. 42 m: *Modes et Travaux*, Dossier décoration, «Il était une fois un arbre de Noël», «années 50», s.d. /P. 42 bg: Pages de catalogue Carrefour, «Les Noëls d'Europe». / P. 42 bd: *Modes et Travaux*, Dossier décoration, «Il était une fois un arbre de Noël», «années 70», s.d. / P. 43 haut: «Maison en fête», *Prima*, n°111, décembre 1991. / 43 bas: © Flammarion/Sophie Raue. / P. 44 hg: *Burda Spécial Noël*, op cit. / P. 44 hd: *Burda Moden*, s.d. / P. 44 m: Photo de Nicolas Perron, «Les sapins sur leur 31», *Prima*, n°111, décembre 1991. / P. 44 b: 45 tours «Ifaprix vous souhaite Joyeux Noël et Bonne Année», BIEM, s.d. / P. 45 hg: «Noël: le décor de la maison», s.d. / P. 45 hd: «Noël: le décor de la maison», s. d. / P. 45 m: Vitrines Harvey Nichols, Manchester, décembre 2006. / P. 45 b: *Oxébo*, n°22, novembre-décembre 2000. / P. 46: © Bob Krist/Corbis. / P. 47 hg: Galeries Lafayette, Noël 1975. / P. 47 hd: Illustration de Daniel Howarth in *La Surprise du Père Noël*, Hemma, 2006. / P. 47 mg: © Jacques Langevin/Corbis Sygma. / P. 47 md: © Corbis Sygma. / P. 47 b: Enfants du personnel des Galeries Lafayette, Noël, années 1940. / P. 48 h: *Grand Album du bricolage et des travaux manuels*, Burda, K617, 1989. / P. 48 b: © Collection Alfredo Dagli Orti/Galerie des Offices Florence. / P. 49: *Radio Cinéma Télévision*, n°310, 25 décembre 1955. / P. 50 g: Carte postale «Joyeux Noël», série 577, s.d. / P. 50 d: Gravure Dillen, édit., Issoudun, offert par l'œuvre de Saint-François de Sales, s.d. / P. 51 h: Photo de A. Lechat in «Pour décorer le sapin, des chromos à l'ancienne», *Prima*, © Chromos Ph. Fix. / P. 51 b: *La Gironde illustrée*, n°106, 25 décembre 1892. / P. 52 h: Mannick, Claude Bernard, Jo Akepsimas, *Une veillée pour Noël*, Studio SM, 1992. / P. 52 mg: *Le Pèlerin*, n°2753, 29 décembre 1929. / P. 52 md: *Cœurs vaillants*, n°52, Noël 1959. / P. 53 h: *Burda Spécial Noël*, op cit. / P. 53 m: Illustration de M. Berthoumeyrou in Rudolf Otto Wiemer, *Pit et les bonshommes de la crèche*, G.P, 1963. / P. 53 b: Ingolf Donner *in Burda Spécial Noël*, op cit. / P. 54 m: Illustration de Grand Aigle in *Le Pèlerin*, n°2805, 28 décembre 1930. / P. 54 bg: *Jardin des arts*, Noël, n°62, 1959. / P. 54 bd: *Mystère de Noël*, flûte de pan: Jean-Claude Mara, orgue: Georges Bernès, 2005. / P. 55 h: © Collection Alfredo Dagli Orti/Musée du Louvre Paris. / P. 55 b: *Fripounet*, n°51, 22 décembre 1948. / P. 56 h: Éloi Leclerc, Alexis Oliger, *Le Noël de François d'Assise*, Socadisc, 1998. / P. 56 m: *Fripounet*, op. cit. / P. 56 b: Photo d'Élise Rebiffé in *Avantages*, «Brico-enfants», «Crèche de poche», s.d. / P. 57 h: Photo de L. Rouvrais in «La Crèche provençale», *Prima*, s.d. / P. 57 m: Santons, 1930. / P. 57 b: Publicité Santons à peindre, F. Bindermann, s.d. / P. 58 g: *Burda Spécial Noël*, op cit. / P. 58 d: Publicité Bouchara Eurodif «Noël Tradition», s.d. / P. 59: © Flammarion/Sophie Raue. / P. 60 h: Illustration de Malcom Bird *in* Malcolm Bird et Alan Dart, *Le Grand Livre pratique de Noël*, Hachette Jeunesse, 1986. / P. 60 m: Calendrier de l'avent, 1965. / P. 60 b: «Frohes fest», *Burda Moden*, décembre 1980. / P. 61 h: © Sandra Ivany Photography/Beateworks/Corbis. / P. 61 m: © Virgo Productions/ Zefa/Corbis. / P. 61 b: ©Walter Geiersperger/Corbis. / P. 62 hg: «Für Neugierige: advents-schrein», *Burda Moden*, novembre 1979. / P. 62 hm: *Burda Spécial Noël*, op. cit. / P. 62 hd: Photo de G + J *in* «La couronne de bienvenue», *Prima*, n°111, décembre 1991. / P. 62 bg: *Burda Spécial Noël*, op cit. / P. 62 bd: *Burda Spécial Noël*, op cit. / P. 63 m: Image couronne de Noël, s.d. / P. 63 b: «Un bouquet de porte» *in* Gertrud Teusen et Cornelia Netolitzky, *Bricolages de Noël*, Casterman, 1990. / P. 64 h: «Les Pampilles du sapin» (réalisation de Marie La Récup), *Oxébo*, n°16, novembre-décembre 1999. / P. 64 m: «Le temps de l'Avent est aux préparatifs», *Burda Moden*, s.d. / P. 64 b: *Burda Spécial Noël*, op cit. / P. 64-65: Ibid. / P. 65 h: Carte postale «Joyeux Noël», Circé, n° 4771, s.d. / P. 65 bg: Photo table de Noël, s.d. / P. 65 bd: «Une fenêtre illuminée» *in* Gertrud Teusen et Cornelia Netolitzky, *op. cit.* / P. 66 h: Photo de Leslie/Le Tourneur *in* «Une Maison tout en or», *Modes et Travaux*, n°1153, décembre 1996. / P. 66 b: Album *Lisette* 1973. P. 67 h: Christina Patoski, *Merry Christmas America, A front yard view of the holidays*, Thomasson-Grant, 1994, page 17 «Highland Park Live Oak – Dallas, Texas» © Christina Patoski. / P. 67 m: Sapin de Noël, Galeries Lafayette, 2003. / P. 67 b: Christina Patoski, *Merry Christmas America, A front yard view of the holidays*, Thomasson-Grant, 1994. / P. 68: Décor Noël Le Printemps, années 1930. / P. 68-69: Document Le Bon Marché, «Le Théâtre d'enfants pendant l'exposition de jouets», c. 1931. / P. 69 bg: Catalogue Au Bon Marché, «Étrennes-Jouets», 1924. / P. 69 bd: Illustration de Peyo *in* «Ça schtroumpfe Noël à la Samaritaine», Catalogue La Samaritaine, 1983. / P. 70 g: Photo de Borremans *in* «La Féerie nocturne des terrasses lumineuses des Galeries Lafayette», 1935. / P. 70 d: Photo de Spitzmuller *in* Agenda Galeries Lafayette Noël, 1921. / P. 71 hg: Illustration d'Oukercy in *Le Cri de Paris*, 25 décembre 1927. / P. 71 hd: Vitrines Galeries Lafayette, Noël 2002. / P. 71 mg: © Flammarion. / P. 71 md: Vitrine de Noël Le Printemps, Paris, 2006. / P. 71 bd: Vitrines Galeries Lafayette, Noël 1965. / P. 72 hg: Vitrines Galeries Lafayette, Noël 1992. / P. 72 hd: Vitrine de Noël Le Printemps, Paris, 2006. / P. 73 hg: Vitrines Galeries Lafayette, Noël 1973. / P. 73 hd: Vitrines Galeries Lafayette, Noël 2000. / P. 73 m: Illustration de V.K. Ley in *François Charpin et Constance Destours chantent Noël*, MPD Productions sonores, 1972. / P. 73 b: Illustration de Bertrand in Renée Aurembou, *Petit-Jo et la vitrine de Noël*, GP, 1965. / P. 74 hg: Publicité Maggi in *Prima*, n°111, décembre 1991. / P. 74 hd: Photo table de Noël, s.d. / P. 74 hm: Illustration de Hélène Tran – Publicité Perrier in *Prima*, n°111, décembre 1991. / P. 74 m: *Noir et Blanc*, Noël, n°45, Noël 1947. / P. 74 md: «Oie farcie aux marrons», *Modes et Travaux*, n°1153, décembre 1996. / P. 75: Couverture *Étrennes Hachette*, 1957. / P. 76 h: © Collection Alfredo Dagli Orti/ Bodleian Library Oxford Angleterre. / P. 76 m: *Le Journal de Mickey*, n°1435, 30 décembre 1979. / P. 76-77: © Stéphane Reix/For Picture/Corbis. / P. 77 hg: «Décors d'orange» (réalisation d'Anne Angelino), *Oxébo*, n°16, novembre-décembre 1999. / P. 77 hm: Publicité Jeff de Bruges in *Prima*, n°135, décembre 1993. / P. 77 hd: «Cadeaux en pâte d'amande», *Spécial Burda*, 1989. / P. 77 m: *Burda spécial*. / P. 78: Catalogue Le Printemps (dos), «Jouets, étrennes 1931-1932», 1931. / P. 79 g: © Flammarion/Sophie Raue. / P. 79 d: Coll. Particulière. / P. 80 h: Louis Pergaud, *La Guerre des boutons*, affiche du film de Yves Robert (1962) par Savignac, Le Livre de Poche, 1963. / P. 80 m: Illustration d'André Pécoud in Comtesse de Ségur, *Les Vacances*, Hachette, 1930. / P. 80 b: Illustration d'André Pécoud in Comtesse de Ségur, *Les Vacances, op. cit.* / P. 81 h: Catalogue Le Printemps, «Jouets Étrennes 1931-1932», 1931. / P. 81 b: Illustration d'Armand Rapeno *in* Catalogue Aux Trois Quartiers, «Jouets Étrennes», 1925. / P. 82 h: Catalogue La Samaritaine, 1919. / P. 82 b: Ibid. / P. 83 hg: Catalogue La Samaritaine, 1919. / P. 83 hd: Ibid. / P. 83 bg: Ibidem. / P. 83 bd: Ibidem. / P. 83 d: Ibidem. / P. 84 hg: Illustration de Poulbot *in* «Les Petits Poulbots passent Noël dans les tranchées», Catalogue du Bon Marché, 1916. / P. 84 hd: Coll. Particulière. / P. 84 m: Illustration *in* catalogue *Au Louvre Paris*, 1921. / P. 84 b: Ibid. / P. 84-85: Ibidem. / P. 86 hg: Illustration de Paul Durand *in* Charles de Gaulle, *Message de Noël aux enfants de France*, Plon, 1970. / P. 86 hd: Coll. Particulière. / P. 85 b: Catalogue La Samaritaine, «Jouets Étrennes», 1919. / P. 87 m: Publicité Cofalu, «Les Jouets et figurines de qualité», La Brède (33). / P. 87: Coll. Particulière. / P. 88 h: Jouet

«La Piste aux étoiles», Galeries Lafayette, s.d. / P. 88 m: Jouets Solido, 1976. / P. 88 b: Catalogue La Redoute, Noël 1961. / P. 89 h: Panoplies «Copie conforme», Modèles et marques déposés, Ets Bertrand Brun, Clermont Ferrand, s.d. / P. 89 mg: Jeu Concours Spirou, «Compte à rebours», s.d. / P. 89 md: *Chez le Père Noël*, Hachette, 1937. / P. 89 b: Vitrines Galeries Lafayette, Noël, 1967. / P. 90 h: «Objectif Lune ! La conquête de l'espace en figurines, mannequins, fusées à friction…», *La Vie du jouet*, Hors série «Les années 60», septembre 2005. / P. 90 b: Affiche Noël, Le Printemps, 1979. / P. 91 h: Publicité Galeries Lafayette, s.d. / P. 91 m: Publicité Géants Shogun n°1, Mattel/Contesso. / P. 91 bg: © Dynamic Production Fuji Télévision Toe Doga. / P. 91 bd: Affiche Noël La Samaritaine Rosny 2, 1982. / P. 92 h: Catalogue Group Action Joe, Ceji Arbois, 1976. / P. 92 m: Catalogue Big Jim, Mattel, 1975. / P. 92 b: Ibid. / P. 93 bg: Catalogue Group Action Joe, Ceji Arbois, 1975. / P. 93 bm: Logo Action Joe, «Group Action Joe pour créer tout un monde d'aventures», s.d. / P. 93 bm: GI Joe, Catalogue Hasbro, 1964. / P. 93 bd: Ibid. P. 94 h: Coll. Particulière. / P. 94 g: Photo d'Aarons *in Spar Magazine* «Noël 1958», n°42, décembre 1958. / P. 94 d: Coll. Particulière / P. 94 b Coll. Particulière. / P. 95: *La Vie du rail*, n°776, 18 décembre 1960. / P. 95 d: Catalogue La Redoute, *op. cit.* / P. 96 h: Catalogue Galeries Lafayette, «Jouets Étrennes», 1935. / P. 96 bg: *Match*, n°77, 21 décembre 1939. / P. 96 bd: Catalogue La Redoute, *op. cit.* / P. 97 h: Catalogue Le Printemps, «Jouets Étrennes 1930-1931», 1930. / P. 97 m: Meccano, réf. L-153-P-32701, s.d. / P. 97 b: «Trains: du O au HO, Le triomphe de la modernité» (extrait du catalogue Meccano 1961), *La Vie du jouet*, op. cit. / P. 98 h: Publicité Galeries Lafayette, «Jouets cadeaux», 1965. / P. 98 b: Catalogue La Redoute, *op. cit.* / P. 99 h: «Voitures à pédales», Catalogue Le Printemps, s.d. / P. 99 m: Catalogue Le Printemps, «Jouets Étrennes 1929-1930», 1929. / P. 99 b: «Le Parc d'essai des jouets sportifs», Catalogue Le Printemps, s.d. / P. 100 h: Catalogue Solido «La collection 1976: 47 modèles…», 1976. / P. 100 b: Publicité Matchbox © Lesney Products Ltd, s.d. / P. 101 h: Catalogue Galeries Lafayette «Jouets», 1962. / P. 101 b: Coffret Record 64 Baby, commercialisé à Noël 1963 par Jouef in *La Vie du jouet*, op. cit. / P. 102 hg: Catalogue Playmobil, 1990. / P. 102 hd: Ibid. / P. 102 m: Ibidem. / P. 102 bg: Catalogue Playmobil, s.d. / P. 102 bd: Affiche «Io sono playmobil», Gigi nel paese delle meraviglie, Figures © Geobra Brandstätter 1974 Success, Phasar. / P. 102-103: Catalogue Lego, 1974. / P. 103 mg: Catalogue Lego, 1972. / P. 103 md: Publicité Lego System © Avenir, s.d. / P. 103 bg: Catalogue Lego, 1974. / P. 103 bd: «Toute une ville Lego dans un coffret de 1958», *La Vie du jouet*, op. cit. / P. 104: Coll. Particulière / P. 105 h: *La Semaine de Suzette*, n°4, 19 décembre 1957. / P. 105 b: © Flammarion/ Sophie Raue. / P. 106 h: Catalogue Galeries Lafayette, «Jouets Étrennes Cadeaux», 1926. / P. 106 b: Catalogue Galeries Lafayette, «Jouets Étrennes», 1911. / P. 106-107: © Flammarion/ Sophie Raue. / P. 107 hg: Catalogue Galeries Lafayette, «Jouets Étrennes», 1938. / P. 107 hd: Galeries Lafayette, «Jouets Étrennes», 1932. / P. 107 m: Vitrines Noël Le Printemps, 1930. / P. 107 b: Publicité Le Bon Marché, «Le Ballet des poupées», c. 1920. / P. 108 hg: Catalogue Le Printemps, «Jouets Étrennes», 1932. / P. 108 hd: Publicité Le Printemps, «Les plus belles poupées de Paris sont au Printemps», s.d. / P. 108 b: Catalogue Le Printemps, «Jouets Étrennes», 1932. / P. 109 h: Affiche Le Printemps, Noël, 1937. / P. 109 m: Publicité Galeries Lafayette «Les plus belles poupées vous attendant aux galeries Lafayette», s.d. / P. 109 b: Catalogue Galeries Lafayette, «Jouets Étrennes», 1934. / P. 110: Catalogue du Printemps, Bibliothèque des Arts décoratifs, photo J. L. Charmet. / P. 111 hg: Bleuette, marquée 71/ UNIS/ France, fin des années 1920, Coll. Particulière. / P. 111 hd: Publicité parue in *La semaine de Suzette*, 23 février 1905, *La Vie du jouet*, n°108, février 2005. / P. 111 bg: Double page du catalogue Bleuette 1916-1917 in *La Vie du jouet*, n°108, *op. cit.* / P. 111 bd: Ensemble «Stella» Gautier-Languereau, porté par une Bleuette marquée SFDJ 60 PARIS 8/0, 1918-1919 in *La Vie du jouet*, n°108, *op. cit.* / P. 112-113: Vitrines Galeries Lafayette, Noël 1967. / P. 112 h: Catalogue La Redoute, *op. cit.* / P. 112 m: Ibid. / P. 112 b: Catalogue Au Bon Marché, «Jouets Cadeaux», 1959. / P. 113 h: *Lisette*, n°52, 28 décembre 1958. / P. 113 m: Illustration de Jean Effel in «Les Starletts», Catalogue Galeries Lafayette, «Jouets Étrennes», 1952. / P. 113 b: Catalogue La Redoute, *op. cit.* / P. 114 h: Barbie California girl © Mattel, Inc. / P. 114 d: Boîte Barbie Teen Age Fashion Models (dos), Mattel, s.d. / P. 114 mg: © Mattel, Inc. Toy Makers. / P. 114 bg: © 1963 Mattel, Inc. Toy Makers.

/ P. 114 bd: Boîte Barbie «Twist 'n Turn», n° 23258 Red Head Version, Mattel, Inc. / P. 115 h: *Barbie, and the Ghost Town Mystery*, Random House, 1965. / P. 115 m: Poupée Francie. / P. 115 b: «Le Patron de poupée: 3 tenues de princesse» (réalisé par Patricia Adrian et photographié par Jean-Luc Scotto), *Modes et Travaux*, s.d. / P. 116 m: «Grandir avec Corolle», Catalogue *Joué Club*, Noël 2006. / P. 116 bg: «Grandir avec Corolle», Catalogue *Joué Club*, Noël 2006, Bébé chéri Émilie Corolle, réf. Catalogue 10060588. / P. 116 bd: «Grandir avec Corolle», Catalogue *Joué Club*, Noël 2006, Poupée Corolle Katia, réf. Catalogue 10060581. / P. 117 hg: «Grandir avec Corolle», *op. cit.* / P. 117 hm: Poupée de collection Corolle, «Audrey», réf. Corolle 36558. / P. 117 hm: Poupée de collection Corolle, «Princesse», réf. Corolle 36555. / P. 117 hd: «Grandir avec Corolle», *op. cit.* / P. 117 mg: Poupée de collection Corolle, «Alice», réf. Corolle 34595. / P. 117 md: Poupée de collection Corolle, «Danseuse», réf. Corolle 36554. / P. 117 bg: Poupées Corolle, «Les écolières». / P. 117 bd: Catalogue *Joué Club*, Noël 2006, p. 113, Bébé 33 cm avec biberons, réf. Catalogue 10060447. / P. 118 hg: «Comme maman», Coqueval S. A., Perruel (27), design Delacroix. / P. 118 hd: *Jardin des modes*, n°563, décembre 1968. / P. 118-119: Vitrines Galeries Lafayette, Noël 1977. / P. 119: Catalogue Galeries Lafayette, «Le Monde des jouets», 1965. / P. 120 m: «Teddy Roosevelt refusant de tirer sur un ourson», *Washington Post*, 1902. / P. 120 bg: Coll. Particulière / P. 120 bm: Ours Pintel. / P. 120 bd: Document Galeries Lafayette, «Bonne nuit les petits…», 1962. / P. 120-121: «Roosevelt Bear», Columbia Co., 1907. / P. 121 h: Catalogue Galeries Lafayette, «Jouets Cadeaux 1954», 1954. / P. 121 bg: «Les Oiseaux du monde», jeu éducatif Fernand Nathan, s.d. / P. 121 bd: «Le Portrait robot», jouet éducatif Fernand Nathan, s.d. / P. 122: Illustration de Parras in *Tintin*, n°67, 21 décembre 1976. / P. 123 h: *Elle*, «spécial Noël», 5 décembre 1945. / P. 123 b: Coll. Particulière / P. 124 h: «Le Premier Noël de la paix dans les pays ruinés», *Le Miroir*, n°319, 4 janvier 1920. / P. 124 m: *Match*, n°77, *op. cit.* / P. 124 b: Illustration de Richard Wallace in *Lectures pour tous*, décembre 1913. / P. 125 h: Illustration de Richard Wallace in *Lectures pour tous*, n°3 décembre 1909. / P. 125 b: *Le Petit Écho de la mode*, n°51, numéro de Noël, 23 décembre 1951. / P. 126 hg: *Elle*, n°19, 18 décembre 1940. / P. 126 hd: *La Vie du rail*, n°328, décembre 1951. / P. 126 mg: *V*, n°221, 28 décembre 1948. / P. 126 md: *Pour Elle*, 7 décembre 1941. / P. 126 b: *L'Armée française au combat*, Numéro spécial de Noël, Service de presse de l'armée française, 1944. / P. 127 hg: *Cinémonde*, Album spécial Noël, 1951. / P. 127 hm: *Cinémonde*, «Vedettes de Noël», 1953. / P. 127 hd: *Paris Flirt*, Humour et fantaisie, s.d. / P. 127 m: *France Football*, n°1863, 22 décembre 1981. / P. 127 b: *Paris Match*, n°1285, 22 décembre 1973. / P. 128 h: Coll. Particulière. / P. 128 b: Coll. Particulière. / P. 129 hg: *Marie Claire*, n°94, 16 décembre 1938. / P. 129 hd: *Elle*, n°217, 23 janvier 1950. / P. 129 b Coll. Particulière. / P. 130 h: Photo de Jean-Michel Foujols *in* «Noël en famille», *Modes et Travaux*, n°1153, décembre 1996. / P. 130 b: Page mode magazine «Noël dernière minute», s.d. / P. 131 hg: «Nos robes du soir en noir», *Modes et Travaux*, n° 1153, *op. cit.* / P. 131 hg: Photo de Jean-François Jonvelle in *Jardin des modes*, n°563, décembre 1968. / P. 131 m: Photo Corsaint-Dorvyne *in* «L'Arbre à jouets», s.d. / P. 131 b: Photo d'Albert Albert in «Belles petites princesses», *Modes et Travaux*, n°1153, *op. cit.* / P. 132 h: *L'Écho du «Noël» paraît le dimanche*, n°745, 14 décembre 1924. / P. 132 m: *Lisette*, n°32, 29 décembre 1946. / P. 132 bg: Illustration de Maggie Salcedo in *La Semaine de Suzette*, n°52, 25 décembre 1947. / P. 132 bd: Illustration de A. Lemoz in *Le Noël – Journal des enfants*, volume 12, Bonne Presse, 5 juillet-27 décembre 1900. / P. 133 h: Illustration d'Alexandre Gérard in *Le Noël de Fillette*, n°17, SPE, 1953. / P. 133 m: *Le Petit Écho de la mode*, n°51, numéro de Noël, 23 décembre 1951. / P. 133 bg: Illustration d'Alexandre Gérard in *Fillette*, SPE, s.d. / P. 133 bd: Illustration de Pierre Probst, *Mademoiselle Caroline*, s.d. / P. 134 h: Illustration d'Alexandre Gérard in *Le Noël de Fillette*, n°8, SPE, 1950. / P. 134 bg: *Étrennes Hachette*, Noël 1948. / P. 134 bm: *La Vie catholique illustrée*, n°592, 16 décembre 1956. / P. 134 bd: *Mickey Jeux*, n°7, 1983 © Walt Disney Productions World Rights.

/ P. 135 h: *Télé Parade* Spécial Noël, numéro spécial hors série n°26 bis, décembre 1979. / P. 135 mg: *Pif Poche*, n°64, décembre 1970. / P. 115 md: Illustration de Solé in *Pilote*, n°103, décembre 1982. / P. 135 bg: *Tintin*, n°51, 16 décembre 1954. / P. 135 bg: *Les Belles Histoires*, n°47, 1er décembre 1957 © Walt Disney Productions/Walt Disney Mickey Mouse S.A. / P. 135 bd: Illustration de Dalla Palma in *Spirou*, n°2384, 22 décembre 1983. / P. 135 bd: *Sailor Moon*, hors série n°7, 1997 © Naoko Takeuchi/ Kodansha, Toel Animation. / P. 136: © Rue des Archives/RDA / P. 137: Chantal Goya, *Petit Papa Noël*, RCA éditeur, 1983. / P. 138 h: «Vieux noëls gascons», *La Gironde illustrée*, s.d. / P. 138 b: «Noël en famille» *in* The Graphic, 1881, *in* William Sansom, *Noëls du monde*, op. cit. / P. 139 h: *Les Petits Chanteurs de Saint François d'Assise*, Les Disques de France, Festival, 1965. / P. 139 b: Illustration A. Doré. / P. 140: Illustration de Guy Gérard Noël *in* Partition Guy Berry, *La Révolte des joujoux*, Éditions Raoul Breton, 1937. / P. 141 h: Berthe Sylva, *Joujou de Noël*, CBS, 1958. / P. 141 b: © Rue des Archives/PVDE. / P. 142 h: © Rue des Archives/BCA. / P. 142 m: Dalida (photo de Gérard Jourdan), *Joyeux Noël*, Barclay, 1960. / P. 142 bg: The Beach Boys, *Christmas Album*, Pathé, 1964. / P. 142 bd: *Mireille Mathieu chante Noël*, Philips, 1968. / P. 143 h: © Lebrecht/Rue des Archives. / P. 143 m: © Rue des Archives/BCA. / P. 143 b: © Rue des Archives/RDA. / P. 144 h: Tino Rossi, *Noël en mer*, Columbia D. F. 1643, Éditions musicales Sam Fox, s.d. / P. 144 b: Partition Tino Rossi, *Petit Papa Noël*, Éditions Max Eschig, 1946. / P. 145 hg: *Tino Rossi chante Noël*, photo Ekta three Lions, Columbia, s.d. / P. 145 hd: Tino Rossi, *Noël de France*, Columbia, 1954. / P. 145 mg: Tino Rossi, *Noëls de France*, Columbia, s.d. / P. 145 md: Affichette belge du film *Son dernier Noël*, (1952) de Jacques Daniel-Norman. / P. 145 bg: Tino Rossi, *C'est la belle nuit de Noël*, EMI, 1978. / P. 145 bd: Tino Rossi, *Noëls de France*, Columbia, s.d. / P. 146 g: Partition Lucienne Boyer, *Je ne crois plus au Père Noël*, Éditions Meridian, 1945. / P. 146 m: *Jean Sablon chante Noë*, (Photo de Rzepski), Score 14054, 1963. / P. 146 d: *Elvis' Christmas Album*, RCA, 1970. / P. 147 hg: *Luis Mariano chante Noël*, EMI, 1975. / P. 147 hm: *Nounours et le Père Noël* (Dessins de Maurice Tapiero), Le Petit Ménestrel, livre-disque album 136, 1974. / P. 147 hg: *Les Schtroumpfs chantent petit papa Noël* © Peyo/AB Productions, 1983. / 147 mg: Wham !, *Last Christmas*, Epic, 1984. / P. 147 md: © Rue des Archives/AGIP. / P. 147 b: *Les Compagnons de la Chanson chantent Noël* (Photo de Goldner), Polydor, 1963. / P. 148 hg: Alice Dona (Photo Pleine Page), *Le Noël des copains*, Pathé, 1963. / P. 148 hm: Claude François (Photo Aubert), *Si j'avais un marteau*, Philips, 1963. / P. 148 hd: *Nestor chante le Père Noël est amoureux* (Dessin de N. Fersen), Philips, 1974. / P. 148 m: *Petula Clark chante Noël* (photo de Georges Dudognon), Vogue, 1963. / P. 148 m: *Johnny Mathis chante Noël*, CBS, 1976. / P. 148 b: John William, *Chants de Noël*, Polydor, s.d. / P. 149 hg: Johnny Hallyday (Photo de Tony Frank), *Noël interdit*, Philips, 1973. / P. 149 hd: Romeo (Photo de Jim Lansley/E. Andreo), *Petit Papa Noël*, Carrere, 1973. / P. 149 m: Sacha Distel, *Noël*, EMI, 1967. / P. 149 m: *Les Satellites chantent Noël* (Photo de Ray Halin), Bel Air, 1964. / P. 149 b: Carlos (Photo de Jean-Marie Perier/SLC), *Le Père Noël a disparu*, Disc AZ, 1970. / P. 150-151: © Rue des Archives/Tal. / P. 151: © Rue des Archives/Tal. / P. 152 h: © Rue des Archives/BCA. / P. 152 b: © Rue des Archives/CSFF. / P. 153 h: © Jean-Pierre Fizet/Rue des Archives. / P. 153 b: © Rue des Archives/BCA. / P. 154 h: © Rue des Archives/BCA. / P. 154 m: Illustration de Franco Lostaffa *in* Walt Disney, *Tutto Natale*, Arnoldo Mondadori editore, 1986 © Walt Disney Productions. / P. 154 b: © Rue des Archives/BCA. / P. 155 h: © Rue des Archives/Collection BCA. / P. 155 b: © Rue des Archives/ Collection CSFF. / Rabat 2: Illustration de Roger Saingt in *Tino chante Noël*, Columbia, 1978. / 4e de couverture – g: Illustration d'Alexandre Gérard in *Le Noël de Fillette*, SPE, s.d. / d: Couronne de Noël, s.d.

Les auteurs tiennent à remercier

Gilles Haeri et Sophy Thompson
pour la confiance accordée,
Liza Person pour sa patience
et son inestimable contribution,
Valérie de Sahb, Marie Boué et toute l'équipe
des éditions Flammarion
– avec une mention spéciale aux
iconographes anonymes de la maison –,
sans lesquels ce livre n'aurait pu voir le jour,
ainsi que tous ceux qui ont bien voulu
nous ouvrir leur mémoire et leurs archives :
Caroline Billot, Paulette et Patricia Chollet,
Francine Daure, Jean Defrance, Aldona Kucharska,
Suzanne Leroy, Jean-Damien Leveau,
Christian Marmonnier et Dominique Marny.
Un grand coup de chapeau enfin à Serge Bilous
pour avoir, et avec quel talent,
mis en scène ces souvenirs…

Création graphique : Serge Bilous
Collaboration éditoriale : Mathilde Senoble et Karine Do Vale

ISBN : 978-2-0801-1617-8
N° d'édition : L.01EBANFA1617.N001
Dépôt légal : octobre 2008
editions.flammarion.com

Achevé d'imprimer en 2008
par Dedalo Offset (Espagne).